청소년·청년을 위한
평화·통일 교육교재

청소년·청년을 위한

평화·통일 교육교재

펴낸 날 : 2023년 5월 10일 초판 1쇄

엮은이 : **평화드림포럼**

      www.peacedream.org

펴낸 곳 : 올리브나무 ∥ 펴낸이 : 유영일

      경기도 고양시 일산동구 정발산로 82번길 10, 705-101

      신고번호 제2002-000042호

      전화 070-8274-1226 팩스 031-629-6983

      이메일 yoyoyi91@naver.com

ⓒ 평화드림포럼, 2023

ISBN 979-11-91860-24-5 03340

값 12,000원

청소년 · 청년을 위한

평화통일 교육교재

평화드림포럼

평화·통일 교육교재가 외연을 확장,
한반도 평화통일의 길 여는 데 일조하기를

은희곤 목사

‖ 평화드림포럼(PDF) 대표 및 이사장

1972년 중학교 3학년 기타를 처음 배우던 때. 마침 라디오에서 흘러나오는 한 노래가 가슴을 울립니다. 당시 '김민기' 님이 부른 '작은 연못'이라는 노래. 신학교 가서 전도사 시절에 주일학교 어린이들, 중·고등부 학생들, 대학 청년들과 함께 부르고 그 안에 담긴 의미를 '평화와 통일'로 풀어내며 나눴습니다. 그 가사는 이렇습니다.

깊은 산 오솔길 옆 자그마한 연못엔 지금은 더러운 물만 고이고 아무것도 살지 않지만 먼 옛날 이 연못엔 예쁜 붕어 두 마리 살고 있었다고 전해지지요. 깊은 산 작은 연못. 어느 맑은 여름날 연못 속에 붕어 두 마리 서로 싸워 한 마리는 물위에 떠오르고 그놈 살이 썩어들어가 물도 따라 썩어들어가 연못 속에선 아무것도 살 수 없게 되었죠. 깊은 산 오솔길 옆 자그마한 연못엔 지금은 더러운 물만 고이고 아무것도 살지 않죠.

이 노랫말은 우리가 살아가는 공동체에 대한 이야기입니다. '내가 사는 연못물이 썩어져 나도 살 수 없게 된다면 내가 이겼다는 것이 도대체 무슨 의미가 있겠는가?'라는 물음입니다. 남과 북이, 우리가 살아가는 한반도라는 연못 물이 깨끗해져야 남도 살고, 북도 살고, 한반도도 살 수 있다는 메시지를 나눕니다.

이러한 작은 몸짓으로 2021년 6월 25일. "6.25를 평화의 날로!" 선포하면서 '평화드림포럼'이 발걸음을 띄었습니다. '평화드림포럼'은 이름 그대로 평화를 꿈(dream, 드림)꾸고 나누는 포럼이고, 동시에 평화를 만들어 하나님께 '드리는'(드림) '마음과 실천', 그리고 온 세상이 평화로 '드리우기'(드림)를 함께 담아내고 있습니다.

1950년 6월 25일 동족상잔의 비극인 한국전쟁이 시작됩니다. 1953년 휴전 이후에도 반공의 프레임으로, 대립과 갈등 그리고 분열과 혼란의 프레임으로 그 잔존들이 우리를 아직도 여전히 괴롭히고 있습니다. 이제는 심적으로나, 사회적으로나, 역사적으로나 용기있게 분명한 한 번의 획이 필요합니다. 6.25는 기억하되 6.25가 우리 민족의 내일과 미래를 가로막는 장애가 되어서는 안 되고, 한반도 한민족 공동체의 걸음들을 계속 걸어야만 하는 우리들의 발목을 붙잡지도 말아야 합니다. 기억은 우리를 진보된 길로 이끌어갈 때 분명한 역사적 가치가 있습니다. 또한 더 이상 한반도에서 전쟁이 일어나서는 안 됩니다.

혹자는 국제정세와 질서 구조상 한반도에 전쟁이 다시 일어날 확률은 거의 없다고 단언하며 안심합니다. 그러나 이것이 아무리 근거있는 합리적 주장이라 할지라도 전쟁 확률 0.1퍼센트가 나의 주변들 모두인 나머지 99.9퍼센트를 철저하게 파괴하는 것이 전쟁이기에,

우리 한반도 땅에 다시는 더 이상 동족상잔의 비극이 일어나서는 안 됩니다. 이를 남·북한 모두 함께 공감하여 평화를 연습하고 실천하며 동반성장의 꿈을 꾸어야 합니다.

그러기에 이제는 통일의 방법을 논하던 시대를 지나 평화를 담론으로 통일을 논하고 꿈꾸고자 합니다. 분쟁이 사라진 상태의 평화가 아니라 남과 북이 상생과 공존으로 상존하며 한반도의 번영을 함께 지향하는 평화로 말입니다. 남·북한 모두 UN 동시 가입국이란 현실을 직시하면서 남한 여권으로 북한을 마음대로 드나들 수 있고 북한 여권으로 남한을 자유롭게 방문할 수 있는 한반도 평화를 꿈꿉니다. 그리고 한민족의 미래 가치 유산인 '한반도 공동체 구상'으로 남·북한 모두의 동반성장을 이끌어 가야 합니다. 이를테면 공항을 하나 새로 지어도 남한만의 입지 조건에 따라 결정할 것이 아니라, 통일 전후를 바라보며 한반도 전체와 주변 세계를 아우를 수 있는 미래지향적인 지역을 선정하는 것입니다.

그리고 그때가 되면 서울에서 기차를 타고 신의주, 평양을 거쳐 중국, 러시아를 지나 유럽과 아프리카를 내달리며 함께 세계평화와 동반성장을 위한 족적들을 힘차게 내딛는 우리 백의민족 한민족을 그려보는 '한민족 웅비론', 우리가 후손들에게 물려줄 진정한 유산이 될 것입니다. 그날과 그 시간을 가슴 뛰게 그리고 뜨겁게 바라보면서 작은 날개를 펼쳐봅니다. 북한에도 손 내밀어 함께 이러한 꿈을 꾸며 이젠 "6.25를 평화의 날로!" 같이 선포하자고 '평화드림포럼'의 가슴을 활짝 열었습니다. 그리고 오늘도 역사 안에서 꿈꾸며 할 수 있는, 해야만 하는 작은 몸부림을 쳐봅니다.

그 작은 몸짓으로 2021년 6월 25일을 평화의 날로 선포함과 동시에 9월 6일까지 "평화드림 아카데미 세션 1"을 시작했습니다. 매주 월요일 오후 8:00~9:30까지 비대면 영상으로 8개 대학교의 11분의 교수들이 각자의 전공 부문에서 바라보는 한반도 통일을 평화로 논하는 시간을 가졌습니다. 이분들의 강의를 모아 『평화드림포럼 아카데미 1집. 평화로 통일을 논하다』를 발간하게 되었습니다. 바라기는 이번 책자가 남·북한 모두의 척박한 평화통일 생태계에 귀하고 적절한 자양분이 되기를 희망합니다. 또한 2022년 6월 25일에 『평화드림 아카데미 세션 2』가 진행되었습니다. 세션 2에서는 한반도 평화를 위해 각자의 현장에서 씨름하며 일하고 계시는 필드 사역 일꾼들을 모셔서 그들의 이야기를 듣고 함께 경험과 고뇌를 나누는 시간으로 계획, 실행했습니다.

이번에 『평화·통일 교육교재(5과)』가 청소년과 청년층을 대상으로 학습자용과 지도자용으로 발간됩니다. 한반도 주변 5개국 언어(한국어, 영어, 일어, 중국어, 러시아어)로 출간됩니다. 한반도 평화는 남·북한이 주도해야 함과 동시에 국제적으로도 공유되어야만 하기 때문입니다. 이는 그들의 언어로 함께 한반도 평화를 꿈꾸자는 초청입니다. 이러한 취지로 분단 이후 처음으로 5개 국어로 된 한반도 평화·통일 교육교재가 청년층들을 대상으로 발간되는 것입니다. 이어 2023년에는 중·고등학교, 2024년에는 초등학교, 2025년에는 장년부를 대상으로 연차적으로 평화·통일 교육교재를 매해 동일하게 4년을 1사이클로 추진, 발간하려고 합니다. 이를 통해 "한반도 한민족 평화일꾼"(Peace Maker, Peace Worker, Peace Ambassador) 그리고 한반도를 넘어 "세계 평화일꾼"의 발굴과 양성을 기대해 봅니다. 그동안 적지 않은 시간에 열정을 담아 교재 발간을 이끌어주신 집필위원장 이광섭 박사,

집필자로 수고하신 1과 김경식 박사, 2과 양승준 박사, 3과 박성호 박사, 4과 박형서 박사, 5과 유미호 센터장 그리고 번역자로 수고하신 영어 Jacob Eun 목사, 중국어 문영걸 박사, 러시아어 유삼열 박사, 일본어 류수정 님 모두에게 깊이 감사드립니다.

매해 6.25를 평화의 날로 선포하면서 '평화드림포럼 아카데미'와 '평화·통일 교육교재' 사역의 시도들이 "남-남 갈등과 남-북 갈등"을 극복하고 분열 가운데 일치를 추구하며, 평화를 공동의 담론으로 외연을 확장하여 한반도 평화통일의 길을 열어나가는 데 일조하기를 바랍니다.

저희 평화드림포럼의 캠페인은 "언제든지(WHENEVER), 어디서든지(WHEREVER), 누구든지(WHOEVER) —3EVER"입니다. 상기 언급한 모든 자료는 언제든지, 어디서든지, 누구든지 저희 홈페이지(www.peacedream.org)에서 다운 받아 사용할 수 있습니다. 홈페이지를 통해 시·공간의 벽을 넘어 한반도와 세계평화의 문제를 함께 풀어 가고픈 마음들이 모이기를 희망해 봅니다. 이를 위해서 기도해 주시고 배려와 격려 그리고 애정 가득 담은 아낌없는 조언도 바랍니다.

마지막으로 평화드림아카데미 이사로 수고해 주시는 UMC(미국연합감리교회) GBGM(총회세계선교부) 이사장이요 미국 위스콘신주 감독으로 섬기시는 정희수 감독, CBS 이사장과 꿈의 교회를 섬기시는 김학중 감독, 2000여 한국신학자들의 모임인 한국기독학회 직전 회장과 하늘빛 교회를 섬기시는 왕대일 박사, 주목받는 정치인에서 창조적 기업가로 변신하여 기업을 성공적으로 이끌고 계신 빅케어 남경필 대표, 하나님 앞에서 공의로운 변론에 힘쓰시는 권영실 더웨이 대표 변호사 그리고 감사로 협성대학교 대학원장을 지내시고 현재도 역사를 가르치시는 서영석 박사, 평화드림포럼 실무를 맡아 수고하시는 박진경 박사, 김주현 간사와 올리브 출판사의 이순임 박사께 감사의 마음을 전합니다. 그리고 『청소년·청년을 위한 평화·통일 교육교재』가 세상에 나올 수 있도록 출판 비용 전액을 흔쾌히 후원해 주신 저의 큰아들 델레오 은현빈 대표와 꿈을 잃지 않도록 늘 동행해준 아내 우경희 사모 그리고 공감의 길을 가며 함께 격려를 나누는 둘째 아들 은한빈 목사에게 더불어 깊은 감사를 드립니다. 모두에게, 한반도에, 세계에 주님의 평화가 가득하기를 빕니다.

이 땅에 평화로 찾아오시고 평화 그 자체이신 예수 그리스도를 묵상하며…

2023년 5월 1일

통일은 기나긴 과정, 그날을 가슴 벅차게 꿈꾸며

남경필 대표

‖ 빅케어 대표, 전 경기도지사 및 국회 외교통상위원장

우리의 소원은 통일
꿈에도 소원은 통일
통일이여 어서오라
통일이여 오라.
우리의 소원은 통일
꿈에도 소원은 통일
이 정성 다해서 통일
통일을 이루자.
이 나라 살리는 통일
이 겨레 살리는 통일
통일이여 어서 오라
통일이여 오라.

어린 시절 배운 것은 평생을 갑니다.

배운 지 50년이 다 되어가는 이 노래, '우리의 소원'도 흥얼흥얼 입안을 맴돕니다.

요즘 있었던 일은 깜빡깜빡 까먹고, 어른이 되어 배운 노래는 가사 없이 한 곡도 제대로 부르지 못하는데요.

그래서 어린 시절의 교육은 아무리 강조해도 지나침이 없습니다.

이번에 발간되는 『청소년·청년을 위한 평화·통일 교육교재』는 세 가지 큰 의미를 갖습니다.

첫째, 이번 교재는 청소년·청년들을 대상으로 합니다.

청소년·청년들을 대상으로 하는 통일 교육, 아무리 강조해도 지나침이 없습니다. 특히, 요즘의 청소년·청년들은 저희 때 청소년·청년들에 비해 더 지적이고 또 민주적 소양도 더 갖추었습니다.

우리의 청소년·청년들은 "왜 통일을 해야 하죠?"라는 질문을 던집니다. 우리는 그들이 스스로 그 답을 찾아가도록 도와야 합니다. 『청소년·청년을 위한 평화·통일 교육교재』가 그 역할을 할 것으로 기대합니다.

둘째, 『청소년·청년을 위한 평화·통일 교육교재』는 한국어, 영어, 일어, 중국어, 러시아어 등 한반도 주변 5개국 언어로 발간됩니다.

이러한 교재의 발간은 분단 이래 처음 시도되는 일입니다. 이러한 탁월한 발상을 하신 평화드림포럼 은희곤 이사장님에게 존경과 감사의 마음을 전합니다.

남·북의 청소년·청년들이 꿈을 꾸고 미·중·일·러의 청소년·청년들은 우리의 꿈을 공유하게 하자는 비전, 우리의 가슴을 뛰게 합니다.

셋째, 통일은 긴, 긴 과정입니다.

2021년 '평화드림 아카데미 세션 1', 2022년 『청소년·청년을 위한 평화·통일 교육교재』 발간과 '평화드림 아카데미 세션 2' 그리고 4년을 1사이클로 사역을 추진하시는 평화드림포럼의 긴 호흡에 박수를 보냅니다.

10년 후, 20년 후, 평화드림포럼의 미래 모습이 기대됩니다. 어느 날 통일의 문이 빼꼼이 열리며, 통일이 도둑처럼 다가올 겁니다.

그때 빼꼼이 열리는 그 문을 "확" 열어젖히는 일은 우리 청소년들, 즉 미래 지도자들의 몫입니다.

그리고 그 문을 "쾅" 닫아 버리려 하는 미·중·일·러의 세력을 최소화하는 것은 우리와 미래 지도자들의 몫입니다.

이번 『청소년·청년을 위한 평화·통일 교육교재』 발간을 계기로 그 가슴 벅찬 날을 꿈꾸어 봅니다.

2023년 5월

'통일에서 평화로의 전환'을 선언하는 행동강령

원영희 회장

‖ 한국기독교여자청년연합회(YWCA)

러시아 침공으로 시작된 우크라이나 본토에서의 전쟁 소식을 들으며, 한반도에서 러시아와 미국이 힘을 겨룬 한국전쟁이 떠오릅니다. 그때, 파괴되는 도시들과 죽어가는 시민들을 바라보며 많은 사람이 기도했으리라. 한반도 곳곳에서 파괴가 자행된 한참 후에야 유엔군이 들어와 더 극렬한 전투가 일어나고 엄청난 희생 끝에 휴전 시대가 시작됐습니다. 우크라이나 대통령이 끝까지 싸우겠다는 이유는 아마도 우리 한국이 "열강들의 결정으로" 전쟁을 그치고 휴전이 되어, 그 상태가 70년을 넘어가고 있는 걸 알기 때문이 아닐까요? 지금도 우크라이나를 위해 우리는 구호금 보내고, 기도하는 것 외에 무엇을 할 수 있나요? 지구촌의 평화를 갈구하고 지키고 싶지만, 강대국들의 탐욕과 이권 쟁탈, 전쟁 무기 실험 등으로 속절없이 파괴되는 약소국들의 평화를 바라보면서 이웃인 우리는 여전히 70년 전의 도움 정도밖에 줄 수가 없어 답답합니다. 그것도 양쪽 거대 열강의 눈치를 보면서 말입니다.

그래서 평화드림포럼에서 펴낸 『청소년·청년을 위한 평화·통일 교육교재』를 만남이 감사합니다. "청소년·청년을 위한"이란 전제로 인해 더 감동합니다. 5개 외국어로 번역한다는 목표 또한 든든합니다. 지구촌 평화는 지구촌 전체가 지켜야지 한국만 소리 높여 외친다고 이뤄지는 꿈이 아니니 말입니다. 이미 수많은 서적이 나와 있는 "평화와 통일"이 주제인 만큼 전 세계 독자들을 설득하기가 쉽지 않은데, 평화드림포럼(PDF) 대표 은희곤 이사장이 펴낸 이 책은 반복되는 침탈의 현실 속에 계속 흔들리는 지구촌의 평화, 한반도의 평화 구축을 위해서 새로운 지평을 열어주는 교재라서 쉽게 빠져듭니다. 게다가 지도자용 매뉴얼이 함께 출판되어 '평화'를 위해서 한결 구체적인 행동강령을 준비할 수 있습니다.

평화와 통일을 위한 이 특별한 교재를 살펴보며, 과연 우리 정부, 그리고 특별히 '우리들의 평화운동은 지난 70여 년간 왜 그리 무력감만 주었는가?' 하는 반성을 할 수밖에 없었습니다. 휴전협정 이후, 종전이 안 되었다는 이유로, 지난 70여 년간 가장 피를 토하는 슬픔을 떠안겨준 이산가족의 슬픔에 우리는, 아니, 특별히 사랑 실천을 매 주일 새롭게 깨닫는 그리스도인들은 저들의 비통함에 얼마나 민감했던가요?

집권당이 바뀔 때마다 바뀌어 버린 통일 정책이 과연 진정한 한반도의 평화를 위한 정책이었던가? 당리당략으로 어느 때는 '퍼준다'는 소리가 들리고, 어느 때는 바로 북쪽 60만 명의 주민이 굶어 죽는데도 '절대 못 도와준다'고 합니다. 그러다 보니 이제는 한반도 어느 누구도 통일을 원하지 않는 듯한 착각에 빠질 정도로 지난 수년간 무력한 통일 정책을 폈다 접었다 해왔습니다. 결국 같은 목적으로 정부를 향해 통일을 외치면서, 한쪽은 상대를 '종북세력'이라 규정하고 다른 쪽은 또 이쪽을 '극우 반공세력'이라 폄훼하게 되는 상황을 부르고 말았습니다. 서로에게 상처만 주고, 같은 방향을 바라보면서도 전혀 다른 방식에 적대감을 부채질하는 현실입니다. 광화문 광장을 지나는 대중들, 특히, 마음속에 아직도 이산가족의 뼈아픈 눈물을 기억하고 있는 시민들은 이제, 두 편으로 갈라진 통일 활동가들의 부르짖음에 더 이상 설득당하지 않게 되고 말았습니다.

『청소년·청년을 위한 평화·통일 교육교재』는 일반 시민들, 특히 그리스도인들이 통일에 대한 회의론을 마침내 접도록 이끌기 위한 용기 있는 패러다임 전환으로, '통일에서 평화로의 전환'을 제언하는 선언서입니다. "평화를 담론으로 하여 통일을 논하는" 평화 학습서이며, "분쟁이 사라진 상태의 평화가 아니라 남과 북이 상생과 공존하며 한반도의 번영을 함께" 일궈 나아가자는 "한반도 공동체 구상"의 선포입니다. 더군다나 5개 국어로 번역되고, 또 다양한 학습 대상 별로 출판합니다.

각 과의 학습 주제도 "평화의 시작, 개인과 공동체의 평화, 국가와 국가의 평화, 남·북한의 평화, 자연과 인간의 평화로운 공존"으로, '나'로부터 시작하는 평화 인식이 공동체와 국가, 그리고 민족의 경계를 넘어 자연에 이르기까지 폭넓게 평화 담론의 지경을 확장합니다. 현실적 요구나 정당정치 중심으로 흔들거리는 통일 담론이 아니라, 평화로운 하나님 나라를 이 땅에 이루는 미래지향적이고 포괄적인 평화로 가는 길, "서로 해치거나 파괴하지 않는 길"을 말씀을 기반으로 묵상하기를 원하고 있습니다. 그렇기에 대화 중 침묵도 귀한 나눔의 방식 중 하나가 되며, 자연스럽게 "평화를 담론으로 하여 통일을 논하는" 평화 학습의 길을 열어주는 교재가 되리라 생각합니다.

21세기 현재, '아노 도미니'(Anno Domini), 예수 오신 지 2022년이 지난 현재, 지구촌 곳곳에 흔들리는 평화의 현장들을 바라보며, 부활하신 예수님이 제자들에게 오셔서 가운데 서서 이르신 첫 말씀이 새롭게 다가옵니다. "너희에게 평강이 있을지어다."(요 20:19, 개역개정)

…came Jesus and stood in the midst, and saith unto them, Peace be unto you. (John 20:19b in King James Version)

'평강'(Peace)을 떠올리며 지극히 위로를 받는 요즘입니다. 『청소년·청년을 위한 평화·통일 교육교재』가 통일을 위한 평화의 소중함을 각성케 해주는 귀한 선언이 되리라 믿기에 추천의 글을 올리며, 지구를 휘돌아 지속적으로 널리 퍼져 나아가길 기대합니다.

2023년 5월

목 차

■ 발간사 은희곤
■ 추천사 남경필 · 원영희

• 평화 · 통일 교육교재를 준비하는 진행자에게 · 20
• 청소년 · 청년을 위한 평화 · 통일 교육교재 요약 · 22
• 집필 및 번역진 프로필 · 23

제1과 **평화의 시작**
　　　　║우리는 존엄하고 평등합니다 · 28

제2과 **개인과 공동체의 평화**
　　　　║다름이 틀림은 아닙니다 · 50

제3과 **국가와 국가의 평화**
　　　　║소통과 공감의 자리가 평화를 만듭니다 · 68

제4과 **남북한의 평화**
　　　　║우리는 선(線)을 넘어 만나야 합니다 · 94

제5과 **자연과 인간의 평화로운 공존**
　　　　║자연과의 공존이 평화를 부릅니다 · 118

평화 · 통일 교육교재를 준비하는 진행자에게

이광섭 목사

‖ 평화 · 통일 교육교재 집필위원장(전농감리교회 담임)

평화와 통일은 매우 의미 있는 주제입니다. 진지하게 고민해보고 배우고 도전을 받으면서도 이야기가 너무 무겁게 흘러가지 않도록 하는 것이 중요합니다. 무엇보다도 진행자가 먼저 이 주제에 관해서 열린 마음을 가지고 접근해야겠습니다. 활동에 앞서서 한 번 읽어주세요.

1) 이 교재는 개인과 개인, 공동체와 공동체, 국가와 국가, 자연과 인간 그리고 더 나아가 남과 북의 평화와 세계 평화를 위한 상호 지지와 신뢰를 형성하기 위한 교육을 위해 쓰였습니다.

2) 진행자가 먼저 지도자용 교재를 차분하게 읽어보고 그 내용을 이해하는 것이 중요합니다. 각 과의 박스 안에는 학습자용 교재의 내용을 그대로 실어 놓았습니다.

3) 교육을 진행할 때에는 평화를 이끌어내는 '원형 대화모임의 진행방식'(='서클 프로세스')으로 하는 것을 원칙으로 합니다. 모든 참여자가 둥글게 모여 앉아서 주제에 대한 자신의 생각과 느낌을 솔직하게 표현할 수 있도록 편안한 공간을 마련합니다.

서클의 지혜와 가치 :

모든 참여자의 현존과 존엄성을 존중하기

모든 참여자의 기여를 소중히 여기기

모든 참여자의 상호 연결됨을 강조하기

정서적이고 영적인 표현들을 지원하기

모두에게 동등한 목소리를 허락하기

공동의 지혜를 통해 앞으로 나아갈 길이나 과제를 실현하기

평등, 공감, 기여의 참여형 리더십을 모두에게 허락하기

4) 생각과 느낌을 나눌 때는 서로 존중하는 태도가 필수적입니다. 특히 나와 다른 입장에 대해서도 경청할 수 있도록 분위기를 조성하며 논의를 이끌어가야 합니다.

5) 모둠별 토론을 진행하기 전, 각 모둠 진행자와, 시간지킴이(타임키퍼), 그리고 나누는 이야기를 요약해서 전할 이를 먼저 정합니다.

6) 무리하게 어떤 합의나 결론을 도출해 내거나 교훈적 메시지로 배움이 단순화되지 않도록 마무리하는 과정까지 주의를 기울입니다.

7) 이 교재는 개인의 삶에서 나타나는 구체적인 활동과 평화공동체를 세우는 일을 목표로 삼기 때문에 평화교육은 이론적인 토론에 머물기보다 실제적인 삶의 적용('삶 속으로' 참조)으로 이어져야 합니다. 더 나아가서는, 다섯 과를 모두 공부한 후, 실제로 어떤 변화가 있었는지를 그 이후에 서로 나누는 시간으로 이어질 수 있다면 좋습니다.

8) 온라인 모임으로 진행할 경우, 화상모임 플랫폼은 'ZOOM'을 기준으로 하며, '화면 공유', '소회의실' 기능을 확인합니다. 교육 전, 충분한 여유를 가지고 프로그램 기능을 파악하고 점검합니다.

『청소년·청년을 위한 평화·통일교육교재』 요약

	1과	2과	3과	4과	5과
제목	평화의 시작 우리는 존엄하고 평등합니다	개인과 공동체의 평화 다름이 틀림은 아닙니다	국가와 국가의 평화 소통과 공감의 자리가 평화를 만듭니다	남북한의 평화 우리는 선(線)을 넘어 만나야 한다	자연과 인간의 평화로운 공존 자연과의 공존이 평화를 부릅니다
	마음 열기 / 생각 쌓기 / 생각에 날개 달기 / 삶에 접속하기				
주제	• 평화의 시작 • 평등하고 존엄한 인간 이해 • 서로의 귀 맞추기 • 먼저 온 미래, 탈북민들에게 손 내밀기	• 개인과 공동체의 갈등 • 이기주의와 전체주의 • 주체적 개인과 개방적 공동체	• 평화의 자리 • 평화 vs 분쟁 • 소통과 공감 = 평화의 출발점	• 마음의 분단선 • 마음의 통일 • 독일의 재통일 경험 • 민족화해 • 교류협력	• 평화가 마무는 곳, 접경지역 • 서로에 대한 배려로 시작되는 공존 • 남북 기후 협력 • 일상에서 자연과 평화롭게 공존하기
실천 과제	• 탈북민 유튜브 채널 검색 보기 • 북한말로 일기 써 보기 • 탈북민 학생들을 위한 자원봉사 프로그램에 참여해 보기	• 포토 스탠딩 • 신호 토론 • 피라미드 토론	• 소통·공감 프로젝트 만들기 • 비정부기구 듣기 • 한반도 평화 캠페인	• 교류 협력/평화 아이디어 나누기 • 마음의 분단선 극복 실천하기	• 지구본서를 • 남북 기후협력 상상하기 • Do & Don't & Share

집필 및 번역진 프로필

집필진

■ 제1과 : **김경식** 박사는 감리교신학대학교(B.Th.)와 이스라엘 히브리 대학교(M.A.)를 졸업하였고, 이스라엘 바르일란대학교에서 박사학위(Bible, Ph.D.)를 받았다. 현재 캄보디아 감리교신학교와 감리교신학대학교에서 강의하고 있다.

■ 제2과 : **양승준** 박사는 협성대학교(B.Th.)와 협성대학교 대학원(M.A.)을 졸업하였고, 미국 세인트폴신학대학원(D.Min.)과 협성대학교 대학원(Ph.D.)에서 박사학위를 받았다. 현재 세종대학교에서 교목으로 재직하고 있으면서, 대양휴머니티칼리지에서 교양과목을 강의하고 있다.

■ 제3과 : **박성호** 박사는 연세대학교(B.A.)와 감리교신학대학교 대학원(M.Div.)을 졸업하였고, 독일 튀빙엔대학교 개신교 신학부에서 박사학위(Dr.theol.)를 받았다. 현재는 감리교신학대학교 신약학 조교수로 재직하고 있다.

■ 제4과 : **박형서** 박사는 감리교신학대학교(B.A.)와 감리교신학대학교 대학원(Th.M.)을 졸업하였고, 숭실대학교 일반대학원 기독교통일지도학과에서 박사학위(Ph.D.)를 받았다. 현재 숭실대학교 기독교

통일지도자훈련센터 전문위원으로 활동하면서, 신정교회 담임목사로 시무하고 있다.

■ 제5과 : **유미호** 센터장은 연세대학교(B.Th.)와 연세대학교 대학원(Th.M.)에서 수학하였고, 현재 한국기독교교회협의회 생명문화위원, 예장총회 기후위기위원, 기독교환경운동연대 자문위원, 서울시 에너지정책위원으로 활동하면서, 기독교환경교육센터 살림 코디네이터 및 센터장으로 재직하고 있다.

평화 · 통일 교육교재 자문위원

■ **서영석** 박사는 감리교신학대학교(B.Th.), 감리교신학대학교 대학원(Th.M.), 미국 클레어몬트 신학대학원(M.Div./D.Min.), 호서대학교 대학원(Ph.D.)에서 박사학위를 받았다. 현재 한국교회연구소 소장, 상동교회 민족교회연구소 소장을 역임하며, 협성대학교 교수로 재직하고 있다.

■ **박진경** 박사는 감리교신학대학교(B.A.)와 보스턴대학교 신학대학원(M.Div.)을 졸업하였고, 미국 프린스턴 신학대학원에서 석사학위(Th.M.)와 박사학위(Ph.D.)를 받았다. 현재 감리교신학대학교와 호서대학교 대학원에서 강의하고 있다.

번역진

■ **은한빈** 목사는 University of Connecticut(B.A.), Drew University (M.Div.), Princeton Theological Seminary(Th.M)를 졸업하였다.

현재 First United Methodist Church of Wallingford 담임목사로, Yale New Haven Hospital 원목(chaplain)으로 시무하고 있다.

■ **문영걸** 목사는 목원대학교 대학원(Ph.D.)과 중국 베이징대학교 (Ph.D.)에서 박사학위를 받았고, 기독교대한감리회 중국 선교사로 활동하였다. 현재 미도중국선교연구소 소장으로 시무하며, 제주반석교회 담임목사로 시무하고 있다.

■ **유삼열** 목사는 러시아 로스토프 대학교(학사), 감리교신학대학교 대학원(M.Div.)을 졸업하였고, 미국 미네소타 신학대학원에서 박사학위(D.Min.)를 받았다. 현재 온누리 M센터, 안산 러시아 공동체 담당 목사로 시무하고 있다.

■ **유수정**은 일본(효고현) 4년제 사립대학교를 졸업하고, 일본 현지 무역회사에 재직하였다. 한국 귀국 후, 다양한 단기 번역 프로젝트에 참여하였고, 현재 사단법인 bbb 코리아 일본어 통역봉사자로 활동하고 있다.

평화의 시작

우리는 존엄하고 평등합니다

1. 마음 열기―차별과 편견의 시선

북한이탈주민 친구들의 이야기 (6분)

접속 2023. 3. 2.
https://www.uniedu.go.kr/uniedu/home/pds/pdsat
cl/view.do?mid=SM00000532&limit=20&eqOdrby=f
alse&eqViewYn=true&odr=news&hd=TM_10_30&id
=20188&ty=&vw=img&odr=news

　　함께 이야기를 나누기 전에, 먼저 위의 영상을 함께 시청해 봅니다.
위 영상에서 지난날 북한을 탈출하여 남한에 정착하게 된 탈북 청소년
학생들이 남한으로 오기까지의 힘겨운 여정과, 또 남한에 정착하고
난 이후에 겪었던 차별과 편견의 경험을 진솔하게 고백하고 있습니다.
위 영상을 본 이후에, 아래의 질문에 대해 함께 이야기를 나눠 봅니다.

　　① 위 영상 속에서 학생들이 나눈 대화 가운데 기억에 남는 말은
무엇입니까?

② 탈북 청소년들이 남한에 와서 차별과 편견의 시선을 경험하는 이유는 무엇입니까? 내가 생각하는 북한 주민들에 대한 이미지는 어떠합니까?

③ 평화에 대한 이야기를 본격적으로 나누기 전에 자신이 생각하는 '평화란 무엇'인지에 대한 생각을 나눠 봅니다.

2. 생각 쌓기—평화, 차별과 편견을 넘어선 평등과 존중

'평화'란 무엇일까요? 자신이 생각하기에 평화와 비슷한 단어들을 왼편에, 그리고 평화와 반대되는 단어들을 오른편에 넣어 봅니다.

유의어	평화 平和 (관계성)	반의어

위 표에 적어 넣은 단어들을 보면서 자신이 생각하는 평화에 대한 보다 깊은 이야기를 함께 나눠 봅니다. 우리가 적어 넣은 위 단어들을 통해 평화를 이루는 길에 대한 힌트를 얻을 수 있을까요?

아래의 그림은 한국행정연구원에서 실시한 "사회갈등의 원인 인식"에 대한 설문조사 결과를 도식화한 도표입니다.[1] 아래의 그림에

---

1) "2020년 사회통합실태조사", 한국행정연구원(2021.1.), p. 70.

나타난 갈등의 원인에 대한 항목들은 모두 평화와 반대되는 개념들이라 할 수 있습니다. 우리가 위 표에 적어 넣은 평화와 반대되는 개념들과 아래 항목들을 비교해 보고, 평화를 위해서 우리가 극복해야 할 문제는 무엇인지 생각해 봅니다.

사회갈등의 원인 인식 차이

(단위 : %)

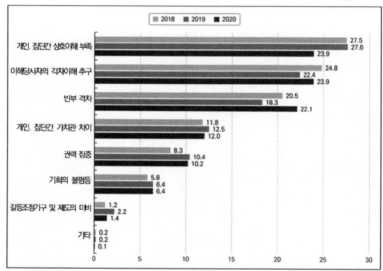

주 : 1순위 응답 비율

이번에는 평화의 문자적인 의미와 우리가 위 표에 적어 넣은 평화와 유사한 단어들과 개념들을 통해 우리가 평화를 위해 추구해 나가야 할 가치가 무엇인지 생각해 봅니다.

1) 평화의 문자적 의미

먼저, 평화의 문자적인 의미를 통해 평화의 본질적인 의미와 그 가치가 무엇인지를 함께 생각해 봅니다.

平 : 균형

和 : 어우러짐

위 한자어의 의미에서 우리가 배울 수 있는 평화란 서로가 균형을 이루어 함께 어우러진 상태를 가리킵니다.

2) 관계성—평등, 존중, 이해

평화는 그 단어 자체가 잘 표현하고 있는 것처럼 모든 이들의 동등하고 조화로운 '관계성'이 그 출발점이라 할 수 있는데, 여기에는 우리 자신과 상대방에 대한 존중과 이해가 그 바탕이 되어야 합니다.

위 표에서도 볼 수 있듯이 사회의 주요 갈등이 타인에 대한 이해 부족과 이기심, 그리고 서로 간의 차이를 인정하지 못함에서 발생했다고 우리 스스로가 인식하고 있는 것을 알 수 있습니다.

3) 존엄하고 평등한 인간 이해를 통한 갈등의 극복

그렇다면 우리 안에 존재하는 갈등을 극복하고 진정한 평화를 정착시키는 길은 무엇일까요? 그것은 바로 우리의 외적인 모습과 여건에 관계없이 우리는 모두 존엄하고 평등한 존재임을 깨닫는 데에 있습니다.

'너'와 '나'를 구별하기보다는 서로의 가치를 인정할 때, 비로소 평화가 시작될 수 있을 것입니다. 그렇다면 우리는 어떤 존재입니까?

3. 생각에 날개 달기—인간의 존엄성과 평등 실현을 위한 방향성

1) 우리는 어떠한 존재인가?

위 두 그림을 '관계'의 차원에서 생각해 봅니다.

— 각각의 그림은 어떠한 관계성을 표현하고 있습니까?

— 그리고 각 사회구조 속에서 인간의 가치는 어떻게 생각되었을까요?

우리는 스스로를 어떤 존재라고 생각하고 있습니까? 인류의 역사 속에서 근대 국가의 탄생에 중요한 역할을 하였던 역사 속의 선언문들 중의 일부를 읽어보고, 다음의 질문들에 대한 생각을 함께 나누어 봅니다.

우리는 다음과 같은 사실을 자명한 진리로 받아들인다. 즉 모든 사람은 평등하게 창조되었고, 창조주는 몇 개의 양도할 수 없는 권리를 부여했으며, 그 권리 중에는 생명과 자유와 행복의 추구가 있다. (독립선언, 미국, 1776.7.4)

모든 인류 구성원의 천부의 존엄성과 동등하고 양도할 수 없는 권리를 인정하는 것이 세계의 자유, 정의 및 평화의 기초이며, 인권에 대한 무시와 경멸이 인류의 양심을 격분시키는 만행을 초래하였으며, 인간이 언론과 신앙의 자유, 그리고 공포와 결핍으로부터의 자유를 누릴 수 있는 세계의 도래가 모든 사람들의 지고한 열망으로서 천명되어 왔으며, …(세계인권선언, UN, 1948.12.1.)

— 위 선언문들이 강조하고 있는 인간의 정체성은 무엇입니까?
— 위 선언문들에서 공통적으로 강조되고 있는 자유, 평등, 그리고 권리 등의 가치가 의미하는 것은 무엇입니까? 우리는 이러한 가치를 충분히 누리고 있습니까?

그러나 안타깝게도 모든 이들이 우리 사회가 이러한 가치들을 온전히 지켜내고 있다고 생각하는 것은 아닌 것 같습니다. 때로 우리는 남들과 동일한 출발점에 서 있지 못하다고 느끼는 때가 있기도 합니다. 일상생활 가운데 내가 존중받지 못하고, 차별받고 있다고 느끼는 때가 있습니까?

2) 우리가 경험하는 차별과 불평등의 문제

흔히 우리는 북한의 체제 아래에서 많은 북한의 동포들이 인간의 기본권을 보장받지 못한 채 살아간다고 생각하고 있습니다. 아래의 북한의 주민 계층 및 성분 분류표는[2] 북한 사회 내에 존재하는 차별과 불평등의 일면을 보여주고 있습니다. [3]

계층 및 성분		부류 (총 56개)
3대 계층	기본 군중	1. 혁명가 2. 혁명가 가족 3. 혁명가 유가족 4. 영예군인 5. 영예전상자 6. 접견자 7. 영웅 8. 공로자 9. 제대군인 10. 전사자 가족 11. 피살자 가족 12. 사회주의 애국희생자 가족 13. 기타(당이 맡겨 준 혁명초소에서 오랫동안 변함없이 우리 당을 받들어 충실하게 일하면서 핵심적 역할을 하고 있는 사람들을 비롯한 핵심군중과 계급적 토대·가정주위환경과 사회정치생활이 견실한 노동자·농민·병사·지식인)
	복잡한 군중	1. 인민군대 입대기피자 2. 인민군대 대렬도주자 3. 귀환군인 4. 귀환시민 5. 반동단체 가담자 6. 일제기관 복무자 7. 해방전사 8. 건설대 제대자 9. 의거입북자 10. 10지대 관계자 11. 금강학원 관계자 12. 정치범 교화출소자 13. 종교인 14. 월남자 가족 15. 처단된 자 가족 16. 체포된 자 가족 17. 정치범 교화자 가족 18. 포로되었다가 돌아오지 않은 자의 가족 19. 해외도주자 가족 20. 지주 가족 21. 부농 가족 22. 예속자본가 가족 23. 친일파 가족 24. 친미파 가족 25. 악질종교인 가족 26. 종파분자 가족 27. 종파연루자 가족 28. 간첩 가족 29. 농촌십장 가족 30. 기업가 가족 31. 상인 가족
적대계급 잔여분자		1. 지주 2. 부농 3. 예속자본가 4. 친일파 5. 친미파 6. 악질종교인 7. 종파분자 8. 종파연루자 9. 간첩 10. 농촌십장 11. 기업가 12. 상인
성분 (총 25개)		1. 혁명가 2. 직업혁명가 3. 노동자 4. 군인 5. 고농 6. 빈농 7. 농민 8. 농장원 9. 중농 10. 부유중농 11. 농촌십장 12. 지주 13. 부농 14. 사무원 15. 학생 16. 수공업자 17. 십장 18. 중소기업가 19. 애국적 상기업가 20. 기업가 21. 소시민 22. 중소상인 23. 상인 24. 종교인 25. 일제관리

표 II-49 북한의 주민 계층 및 성분 분류

---

2) 북한의 성분은 부모의 직업과 신분에 따라 주어지게 되는 출신성분과 자신의 직업과 신분에 따라 결정되는 사회성분으로 구분된다. 그리고 북한의 주민들은 바로 이 성분에 기초하여 계층별로 구분되는데, 당이 믿고 같이 갈 사람인지, 아닌지에 따라 암묵적으로 계층이 구분된다고 한다. 현인애. 2008. "북한의 주민등록제도에 관한 연구" (이화여자대학교 대학원 석사학위 논문), p. 31.

3) 아래의 표는 현인애, "북한의 주민등록제도에 관한 연구,"(2008.), p. 31-35의 내용을 오경섭 외, 『북한인권백서 2021』(통일연구원, 2021), p. 222에서 표로 정리한 내용을 인용한 것이다.

— 위 표에 따르면, 북한에서는 어떤 기준에 따라 사람들의 지위가 분류되고 있습니까?

— 북한 주민 개개인의 가치를 결정하는 요인은 무엇입니까?

그렇다면 우리가 살아가는 남한 사회는 차별과 불평등이 존재하지 않는 사회라고 할 수 있습니까? 북한의 동포가 남한 사회에 정착할 때, 진정한 의미에서의 자유를 누릴 수 있을까요?

아래의 도표는 우리 사회 내에서 청년세대가 느끼는 불평등의 원인과 계층 상승 이동 가능성에 대한 설문조사 결과를 도식화한 자료입니다. 이를 함께 살펴보고 다음의 질문에 대해 생각해 봅니다.

서울연구원 자료 (21.5.31.)

— 위의 도표는 청년세대가 차별과 불평등을 느끼는 이유가 무엇임을 보여주고 있습니까?

— 우리 역시 위와 같은 결과에 동의합니까? 이 외에도 우리가

충분히 인정받지 못하고, 불평등을 느끼는 이유는 무엇입니까?

— 우리 사회에서 우리 스스로가 느끼는 차별과 불평등, 그리고 북한 동포들이 남한 사회에서 느낄 차별과 불평등은 어떤 면에서 유사하고 다를까요?

아래의 글은 남한과 북한 사회를 모두 경험한 한 탈북민과의 인터뷰(22.1.25. 탈북민 김○○와 진행하였음)를 정리한 글입니다. 아래 내용을 읽어보고, 위에서 다룬 내용들과 관련하여 남한과 북한, 각 사회가 안고 있는 문제가 무엇인지 생각해 봅니다.

북한 사회는 소위 '성분'이라는 것으로 사회 지위가 결정됩니다. 이 성분은 태생적인 것이기 때문에, 바꾸는 것은 거의 불가능합니다. 한번 좋지 못한 성분의 집안에서 태어나게 되면 할 수 있는 일이나, 직업 등은 매우 제한적일 수밖에 없고, 심지어 군입대나 대학 교육의 기회도 박탈됩니다. 북한 사회는 태어나면서 계급과 사회적 지위가 결정되는 사회입니다. 그러나 이런 사회를 떠나온 탈북민들이 남한 사회에서 완전한 자유를 누리게 되는 것은 아닌 것 같습니다.

최근 대부분의 탈북민들은 우리가 흔히 생각하듯이 지옥과도 같은 북한을 벗어나기 위한 동기로 탈북하는 것은 아닙니다. 출신성분으로 삶의 지위가 결정되는 경직된 북한 사회를 벗어나 자유로운 사회 속에서 계층 상승을 이루기 위해서, 그리고 때로 남한 사회에 대한 동경이나, 남한에 가면 더 부유하게 살아갈 수 있을 것이라는 막연한 생각에서 탈북을 시도합니다. 그리고 예전과 같이 요즘에는 목숨을 걸고 두만강이나 압록강을 넘어 탈북할 수 있는 여지는 거의 사라져

버렸습니다.

　그보다는 경계지역에 근무하는 말단 병사에서부터 그 상급자들에게까지 돈을 주어야 탈북을 할 수 있습니다. 이런 방식으로 탈북하기 위해서는 적지 않은 비용(2022년 현재, 약 2,000만 원 정도)이 들어가게 되고, 그렇기 때문에 일정 수준 이상의 경제 능력을 가진 이들이나, 외부의 도움을 받을 수 있는 이들만이 탈북을 할 수 있습니다.

　이런 탈북민들에게 남한 사회는 완전히 공평한 기회가 주어지는 땅인 것만은 아닙니다. 탈북민들은 북한에서 어떤 교육을 받고, 어떤 일을 했든지 간에 상관없이 남한 사회에서 완전히 다른 출발선상에 서게 됩니다. 북한에서 쌓아왔던 교육 수준과 경력은 하나도 인정받지 못하는 것이 현실입니다. 그리고 남한 사람들의 삶의 수준을 맞추기 위해 적지 않은 빚을 지게 되는 경우도 많이 있고, 상대적 빈곤과 박탈감에 사로잡히게 됩니다. 그래서 심지어 어떤 이들은 다시 북한으로 돌아가고자 하는 마음도 갖게 됩니다.

　남한과 북한, 이 두 사회 속에서 탈북민들은 어디에서도 진정한 자유와 권리를 경험하지 못하고 있습니다.

　우리 모두는 체제의 차이에 상관없이 위와 같은 근본적인 불평등의 문제에서 자유롭지 못한 채 살아가고 있습니다. 우리의 현실에서 평화와 남북통일은 불가분의 관계에 있습니다. 그러나 통일이 된다고 해서 우리 안의 평화가 온전히 정착될 수 있을까요? 인간의 근본적인 가치, 즉 존엄성과 평등성이 회복되지 못한다면 우리는 또 다른 형태의 갈등을 경험할 수밖에 없을 것입니다.

　따라서 남과 북의 평화와 통일의 방향성은 체제의 우위를 겨루거나

경제, 군사적인 이익만을 도모하기보다는 모든 남북한의 국민들이
인간 본연의 가치를 회복하고, 공공의 선을 이루어 나갈 수 있는 방향으
로 이루어져야 합니다. 그렇다면 이를 어떻게 실현해 나갈 수 있을까요?

3) 타자의 철학—우리가 회복해야 할 공동의 가치

위의 그림을 봅니다. 남북한은 여러 측면에서 키의 균형을 이루지
못하고 있습니다. 키의 불균형은 곧 눈높이의 차이를 만들어내고, 눈높
이의 차이는 소통을 불가능하게 만듭니다. 그렇다면 우리는 어떻게
그 키와 눈높이를 맞출 수 있을까요?

사실, 문제 해결은 그리 어렵지 않습니다. 서로의 키와 눈높이를 맞추고 서로 소통하기 위해서는 무리하게 작은 이를 끌어 올리려 하기보다는, 누가 되었든 큰 자가 포용성과 겸손함을 갖고 그 키와 눈높이를 상대방에게 맞추어, 소통하면서 함께 성장해 나가야 합니다. 우리 자신만 바라보아서는 절대로 균형을 이룰 수 없습니다. 상대편에 서 있는 다른 이들을 볼 수 있어야 균형을 찾을 수 있고, 이 균형을 통해 우리는 평화로 나아가는 발걸음을 뗄 수 있을 것입니다.

홀로코스트 생존자인 유대인 철학자 에마뉘엘 레비나스(Emmanuel Levinas)는 소위 "타자의 철학"(philosophy of other)이라는 개념을 제시합니다. 그는 우리의 삶의 중심이 "타자"(other)가 되어야 한다고 지적합니다. 인간의 존엄과 평등이 자신만을 위한 것으로만 인식된다면, 모두를 위한 인간 본연의 가치 회복은 요원한 일이 될 수밖에 없습니다. 타자의 철학은 우리 모두가 다른 이들을 위해 부름받은 존재임을 깨닫고, 공동체 전체의 선을 위해 노력해야 함을 역설합니다.

— 이런 측면에서 한반도 평화통일은 어떠한 방향성과 바탕에서 이루어져야 한다고 생각합니까?

— 경제적 이익이나 체제의 우위를 확인하기 위한 목적으로 통일이 되었을 때, 우리에게 어떤 또 다른 문제들이 생길까요?

4) 우리의 꿈—존엄하고 평등한 인간성의 회복, 그리고 남북 공동 가치의 재발견

1963년 8월 28일, 흑인 인권 운동가였던 마틴 루터 킹 주니어(Martin Luther King Jr.) 목사는 흑인과 백인의 불평등 문제 해결에 대한 단초가 되었던 유명한 연설을 시작했습니다. 그 일부 내용은 아래와 같습니다.

나에게는 꿈이 있습니다. 언젠가 이 나라가 깨어나서, '우리는 모든 사람이 공평하게 창조되었다는 자명한 이념을 신봉한다'라는 미국의 신조 안에 깃든 참뜻 속에서 살아가는 것이 그 꿈입니다.

마틴 루터 킹 목사의 이러한 연설이 의미 있는 이유는 연설문을 통해 표현된 그의 꿈이 실제 미국 사회를 변화시키는 원동력이 되었기 때문입니다. 흑백 갈등의 극복과 평등한 사회의 확립은 모든 이들의 존엄하고 평등한 인간성을 회복하는 것이었습니다. 그 만의 꿈이 개인을 넘어 미국 전체의 꿈이 되었을 때, 진정한 변화를 이룰 수 있었습니다.

그렇다면 남북한이 서로 협력하여 이루어야 할 꿈과 변화는 무엇입니까? 기미년(1919년) 3월 1일, 한반도의 백성들은 이미 한마음, 한뜻으로 다음과 같은 독립과 평등의 꿈을 함께 외쳤습니다.

"우리는 오늘 조선이 독립한 나라이며, 조선인이 이 나라의 주인임을 선언한다. 우리는 이를 세계 모든 나라에 알려 인류가 모두 평등하다는 큰 뜻을 분명히 하고, 우리 후손이 민족 스스로 살아갈 정당한 권리를 영원히 누리게 할 것이다. 이 선언은 오천 년 동안 이어 온 우리 역사의 힘으로 하는 것이며, 이천만 민중의 정성을 모은 것이다. 우리 민족이 영원히 자유롭게 발전하려는 것이며, 인류가 양심에 따라 만들어가는 세계 변화의 큰 흐름에 발맞추려는 것이다. 이것은 하늘의 뜻이고 시대의 흐름이며, 전 인류가 함께 살아갈 정당한 권리에서 나온 것이다. 이 세상 어떤 것도 우리 독립을 가로막지 못한다."

독립의 당위성은 바로 모든 인류가 평등한 존재임을 인식하고 널리 알리는 데에 있음을 주창합니다. 바로 우리 민족의 존엄성과 평등성의 회복은 우리뿐만 아니라, '타자' 즉, 온 인류의 존엄성과 평등성의 회복임을 나타내고 있습니다.

지금 한반도에서 살아가고 있는 우리는 평화와 통일에 관해 어떤 꿈을 꾸고 있습니까? 사상과 인종, 그리고 국가를 초월하여 모든 인류가 평등하고 존엄한 존재임을 인식하는 것, 그것이 평화의 시작이고, 또한 통일의 중요한 목적이 되어야 합니다. 그리고 이는 이념과 주장으로만 남아서는 안 되며 우리 삶 속에서 실제로 이루어져야만 하는 꿈입니다.

4. 삶에 접속하기—평등과 존중의 실현을 위한 공감의 노력과 실천

본 교재의 첫 과를 통해, 우리 모두가 존엄하고 평등한 존재라는 사실을 깨닫는 데에서 평화와 통일의 가능성이 시작됨을 나누어보았습니다. 그렇다면 우리가 먼저 관심을 가져야 할 곳은 어디일까요? 사실, 우리는 이미 탈북민들을 통해 통일의 시대를 미리 경험할 수 있습니다. 우리 주변에서 새로운 삶의 터전을 이루어 살아가고 있는 탈북민들은 "먼저 온 미래"라 할 수 있습니다. 그러나 많은 탈북민은 여전히 이

사회에서 많은 어려움을 겪고 있습니다. 현재 우리가 경험하는 탈북민들 문제는 장차 통일 시대에 또한 맞이하게 될 문제일 것입니다. 이들의 어려움에는 다양한 이유들이 있겠지만, 보다 근본적으로는 소외의 문제가 자리 잡고 있습니다. 우리와 탈북민들은 같은 공간 안에서 살아가고 있지만, 서로를 향한 마음은 여전히 닫혀 있습니다. 진정한 평화와 통일은 서로가 평등하고 존엄한 존재임을 인정할 때 시작될 수 있습니다. 본 과를 정리하면서 탈북민들의 마음을 이해하고 공감하기 위한 활동을 함께 진행해 봅니다.

1) 탈북민의 아픔 공감하기

위에서 나눈 말씀을 정리해 보면서, 우리가 간과하고 있었던 탈북민의 아픔을 공감하고, 우리가 어떠한 관심을 더욱 기울여야 하는지 생각해 보고자 합니다.

"그녀는 굶주림을 피해 북한을 탈출했고, 부유한 나라에서 가난하게 살다가 죽었다."(She Fled Famine in North Korea, Then Died Poor in a Prosperous Land.)

접속 2023. 3. 2.

https://www.nytimes.com/2019/09/21/world/asia/lonely-deaths-of-a-refugee-mother-and-her-son-unsettle-south-korea.html

「뉴욕타임스」 뉴스기사

위의 내용은 「뉴욕타임스」가 2019년 7월 31일 탈북민 모자가 안타깝게도 서울의 한 임대 아파트에서 외로이 죽어갔던 사건을 보도한 기사의 제목입니다. 이 사건은 우리 안에 있는 탈북민들이 인권의 사각지대에 놓여 있음을 말해주고 있습니다.

이와 관련한 국내의 보도 내용과 관련 영상을 더 찾아봅니다.

뉴스기사[접속 2023. 3. 2.] 탈북, 모자의 죽음, 두 달간 아무도 몰랐다	시사 프로그램[접속 2023. 3. 2.] 탈북 엄마의 마지막 눈물(창 259회)
https://m.hani.co.kr/arti/society/society_general/905709.html#ace04ou	https://youtu.be/FF5mwVIK4QM

본 사건에 대한 국내 보도와 위 사건을 둘러싼 탈북민들의 어려운 현실을 다루고 있는 영상을 각자 살펴보고, 우리 스스로가 놓치고

있는 부분이 무엇인지, 그리고 우리가 우리 주변에서 그들을 위해서 당장 할 수 있는 일이 무엇인지 생각해 봅니다.

2) 공감 실천: 먼저 온 미래, 탈북민들에게 손 내밀기

그렇다면 우리가 탈북민들의 마음을 이해하고, 탈북민들과 함께 소통하기 위해서 어떠한 노력을 해야 할까요? 다음의 활동들을 통해 탈북민들의 상황과 마음을 살펴보고, 이들과 소통하며, 나아가 마음의 통일을 위해 우리가 할 수 있는 일들을 생각해 봅니다.

● 탈북민 유튜브 채널을 찾아보고 다양한 통로를 통해 소통해보기

사실 탈북민들을 우리 주변에서 찾고, 소통하는 것은 쉽지 않을 수 있습니다. 그런데 유튜브에는 탈북민들이 운영하는 채널들이 있습니다. 이들의 사연을 유튜브 영상을 통해 찾아보고, 공감하는 메일이나 댓글을 달아 봅니다.

추천 유튜브 채널

장선비의 한양살이	아오지 언니 TV
2019년에 탈북하여 한국에 정착하여 살고 있는 장혁 씨가 운영하는 채널로 탈북의 과정과 남한에 정착 후 느낀 점들, 그리고 다른 탈북자들과의 인터뷰 등을 볼 수 있습니다.	아오지 탄광에서 탈북하여 호주에 정착하여 살고 있는 최금영 씨가 운영하는 채널로 북한의 생활상과 남한 사회에 대해 느끼는 진솔한 생각 등을 볼 수 있습니다.

  접속 2023. 3. 2. https://youtube.com/channel/UCG WtB4KtetSa-mGVgwAzhvg	 접속 2023. 3. 2. https://youtube.com/channel/UC0 THGaImwZJq5gwFT7pEpbg
보다 TV-북한의 것을 보다	탈북민 연극 '고슴도치'
다양한 배경을 가진 탈북민들과의 흥 미로운 인터뷰를 보실 수 있습니다.	탈북민들이 직접 만든 연극으로 탈북 과정과 남한 정착 과정에서 겪는 탈북 민들의 아픔과 경험을 연극으로 볼 수 있습니다.
  접속 2023. 3. 2. https://youtube.com/playlist?list=P LYeXRzoBwGeFXCEaEcZhY8KuoO 7erdO-5	 접속 2023. 3. 2. https://youtu.be/4a1SLCFbUtQ

● 북한말로 일기 써 보기

우리가 탈북민을 만난다면 금방 대화가 가능할까요? 오랜 분단의
세월 동안 각자가 쓰는 말도 많이 달라졌습니다. 글동무 사이트

(geuldongmu.org)에 접속하면 남북한어 번역기를 사용할 수 있습니다. 오늘 나의 일과를 이 번역기를 이용하여 북한말로 바꾸어서 써 보는 것은 어떨까요?

글동무 남북한어 번역기
쉽고 간단하게 모르는 단어를 검색해 보세요

● 탈북민 교육과 리더 양성

탈북민들이 남한 사회에서 자유롭게 살아가기 위해 필요한 것들이 많이 있겠지만, 그중에서도 가장 중요한 것은 "교육의 기회"입니다. 탈북민들이 남한 사회에서 느끼는 사회적 격차와 박탈감을 줄이고 이 사회 속에서 주도적인 역할을 갖게 하기 위해서는 보다 전문화되고 발전적인 고등 교육의 기회가 주어져야 합니다.

물론 학령기에 있는 탈북 학생들이 남한 사회에 와서 교육의 기회를 받지 못하는 것은 아니지만, 전혀 다른 새로운 교육 환경 속에서 적응하여 좋은 학교에 진학하는 것은 쉽지 않은 일입니다. 따라서 탈북 학생들의 상황과 눈높이에 맞는 교육 커리큘럼을 개발하고, 상급 교육과정에 대한 정보를 적절히 제공해 주어야 합니다.

이러한 탈북 학생들의 어려움을 잘 이해하고 우리가 도움이 될 수 있는 길에 대해 생각해 봅니다. 현재 탈북민 학생들이 원하는 대학에 갈 수 있도록 하는 특례입학 제도가 갖추어져 있습니다. 그러나 문제는 이 학생들이 언어 학습의 장벽으로 인해 대학 과정에 제대로 적응하지 못하는 경우가 빈번하게 발생한다는 점입니다. 그래서 특별히 이 학생들의 영어 교육을 도와주는 단체가 있기도 합니다. 이를 통해 탈북 학생들이 대학교육 과정에 잘 적응해 나갈 뿐만 아니라, 미국 유학까지도 했던 좋은 사례가 있기도 합니다.

탈북민들은 언제나 도움을 받아야 하는 대상은 아닙니다. 탈북민들의 '남한화'를 추구하는 교육이 아니라, 우리가 탈북민들을 우리 사회를 함께 일구어 나가는 동반자로 인정하고, 이들이 가진 경험과 능력을 잘 발휘하여 이 사회 속에서 주도적인 역할을 감당하게 할 때, 다가오는 통일의 시대를 잘 준비할 수 있을 것입니다.

● 탈북민 지원 관련 정보

최근 다양한 탈북민 지원 민간단체가 많이 생겨나고 있습니다.

그러나 검증되지 않은 단체들도 많이 있기 때문에 정부 기관 사이트나 포털에서 제공해 주는 자료들을 참고하는 것이 안전합니다. 아래의 사이트들을 참고해 보시기 바랍니다.

▲ 남북하나재단: https://www.koreahana.or.kr/home/kor/main.do
정부지원으로 진행되는 탈북민 지원에 대한 사업과 지원 프로그램에 대한 정보를 볼 수 있습니다.

▲ 탈북 청소년 교육 지원 센터: https://www.hub4u.or.kr/main.do
탈북 청소년 교육과 관련한 다양한 지원 프로그램을 볼 수 있습니다.

▲ 1365 자원봉사 포털:
https://www.1365.go.kr/vols/1572247904127/partcptn/timeCptn.do
1365 자원봉사 포털에서 탈북민이라는 키워드를 검색하면 실제 참여할 수 있는 자원봉사 프로그램을 검색할 수 있습니다.

위의 활동들을 통해 느낀 소감은 어떻습니까? 평화는 거창한 것이 아닙니다. 평화는 우리 모두, 서로가 존귀하고 평등한 존재임을 인정할 때에 시작됩니다. 그러나 평화는 일순간에 이루어지는 것은 아닙니다. 일상의 삶 가운데 우리는 계속해서 평화를 연습하고 실천해야 합니다.

제2과

개인과 공동체의 평화

다름이 틀림은 아닙니다

누군가 "어디서 왔나요?" 하고 물어볼 때마다 디오게네스가 "나는 세계의 시민이오."라고 답했다고 합니다. '세계의 시민'을 영어로 옮기면 '코스모폴리탄(cosmopolitan)'입니다.

디오게네스는 스스로를 '코스모스(우주)'에서 왔다고 했습니다. 한 나라도 아니고, 지구도 아니고, 우주를 품은 디오게네스에게 출신이나 인종의 구별은 무의미했던 것입니다. "나는 우주에서 왔다."라는 디오게네스의 대답은 오늘날 우리가 알고 있는 세계시민 사상, 코스모폴리타니즘의 시원입니다.[1]

1. 마음 열기

1) LA 흑인폭동

LA 흑인폭동은 1992년 4월 29일부터 5월 4일까지 미국 로스앤젤레스에서 벌어진 미국 역사상 12번째 흑인폭동으로 흑인뿐만 아니라 히스패닉까지 가세하여 미국 인종차별사에 기억될 사건입니다. 사건의 발생 과정에서 LA의 한인들도 인종차별을 포함해 큰 피해를 입었던 탓에 지금까지도 '4.29'라고 회자되는, 현지인들에겐 잊을 수 없는 사건입니다.

---

1) 강남순, 『코스모폴리터니즘과 종교』(서울: 새물결플러스, 2015).

폭동의 원인은 음주와 과속운전으로 도주하던 흑인 로드니 킹 (Rodney Glen King)을 검거해 집단 폭행한 백인 경찰관들이 1992년 4월 29일 재판에서 무죄로 풀려난 것을 계기로 촉발되었습니다. 그런데 폭동이 발생하자 흑인 시위대가 한인타운으로 몰려가 약탈과 방화를 일삼으면서 한인 사회에 막대한 피해를 입혔습니다. 1992년 4월 28일 LA 폭동이 시작되자마자 미국 언론은 1년 전인 1991년 3월 16일에 발생한 '두순자 사건'[2]을 집중 보도함으로써, 한국인과 흑인 사이의 인종 갈등을 증폭시키는 결과를 초래하게 된 것입니다.

또한 코리아타운이 백인 거주지와 흑인 밀집 지역 사이에 끼어 있는 지리적 여건 때문에, 이 역시 백인들을 향한 흑인들의 분노를 한국인들에게 쉽게 돌리도록 작용했습니다. 흑인 폭도들에 대항해 한국인들은 스스로 민병대를 조직해서 맞섰고, 자신들의 삶의 터전을 지켜내려 노력했습니다. 무엇보다 먼 타국에서 피땀 흘리며 희망을 갖고 잘살아보려고 애썼던 교민들은 이 사건을 통해 평화를 간절히 원했습니다.

2) 조지 플로이드 사망 사건 : "숨을 쉴 수가 없어!" (I can't breathe!)

---

2) 로드니 킹 사건이 발발한 1991년 비슷한 시점에 한인 마켓에서 한국인 주인이 흑인 소녀와 다툼을 벌이다 살해한 '두순자 사건'(흑인 소녀 라타샤가 주스 한 병을 훔치다 주인 두순자 씨에게 발각되었는데, 두순자 씨를 때려눕히고 떠나려는 순간, 두순자 씨가 권총으로 라타샤를 쏘았고 그 자리에서 사망한 사건. 판사는 두순자 씨에게 500달러의 벌금과 400시간의 사회봉사를 선고)이 발생.

Wandbild Portrait George Floyd
von Eme Street Art im Mauerpark (Berlin Germany)

　2020년 5월 25일 미국 미네소타 주 미니애폴리스(Minneapolis) 파우더호른(Powderhorn)에서 아프리카계 미국인인 조지 플로이드(George P. Floyd)가 경찰에 의해 체포되는 과정에서 질식사당한 사건이 발생했습니다.

　백인 경찰관 데릭 쇼빈(Derek M. Chauvin)이 위조지폐 사용 혐의로 체포해서 수갑을 채우고 땅 위에 엎드리게 하여 제압한 상태에서, 플로이드의 목을 8분 46초간 무릎으로 압박했다가 사망에 이르게 된 것이었습니다. 출동한 경관들은 플로이드가 의식불명 및 심정지 상태였다는 것을 인지했음에도 무력 행사를 멈추지 않았습니다. 특히 플로이드가 숨을 쉬게 해달라고 요구했던 사실, 그리고 의식을 잃은 후에도 무릎으로 플로이드의 목을 계속 짓눌러 호흡을 방해하는 비인간적인 장면이 담긴 목격자들의 영상은, 인터넷으로 빠르게 퍼지면서 큰 파장이 일어났습니다. 이에 항의하는 시민들의 목소리는 점점 커졌고, 얼마 지나지 않아 인종차별을 반대하는 항의 시위는 "Black Lives Matter!" ("흑인의 목숨도 소중하다!")라는 구호와 함께 미국 전역으로 퍼져나가게 되었습니다.

접속 2022. 3. 조지 플로이드 사망 사건의 개요 조지 플로이드 사망 사건 – 위키백과, 우리 모두의 백과사전 (wikipedia.org)	접속 2022. 3. 조지 플로이드 체포 및 진압 영상 https://youtu.be/7dCQ5WogFCo

■ 숨을 쉴 수 없다는 플로이드의 호소에도 불구하고 계속해서 목을 압박하다가 결국 그를 숨지게 한 경찰관 쇼빈을 어떻게 설명할 수 있을까요?

2. 생각 쌓기

1) 차이는 틀림이 아닙니다

1과에서는 인간의 근본적 가치인 존엄성과 평등성의 회복을 통해 불평등과 차별을 극복하며 평화와 통일의 가능성이 시작된다고 배웠습니다. 특히 레비나스(Emmanuel Levinas, 1906-1995, 프랑스 철학자)를 언급하면서, 서로 '다름'은 '차이'라고 할 수 있는데, 이렇게 당연한 '차이'가 때때로 받아들이기 어렵고 불편할 때, 문제가 야기됩니다.

우리는 국가, 인종, 종교, 성별, 세대, 외모, 정치, 경제, 문화 등

수많은 차이가 존재하는 세상에서 종종 '낯선 차이'를 맞이하게 됩니다. 그때 당연히 나와 상대의 차이를 받아들여야 하지만, 때때로 어떤 차이에 대해 불편함, 심지어 폭력성을 드러내기도 합니다. 남녀 간의 차이가 차별로 이어지고, 피부색의 차이가 인종차별로 이어지고, 종교 간의 차이가 폭력과 분쟁으로 이어집니다. 이러한 일들이 역사에서 수없이 일어났고, 지금, 이 순간에도 우리 주변에서 발생하고 있습니다.

레비나스는 서로 다름의 차이가 차별과 폭력, 분쟁으로 드러나는 원인을 전체주의에서 발견합니다. 그는 히틀러와 독일 국가사회주의의 출현, 제2차 세계대전, 유대인 학살 등의 사건을 경험했습니다. 특히 제2차 세계대전에서 일어난 잔혹함과 폭력성은 인간의 절대적, 인격적 가치를 부정하고, 전체성을 우선적으로 생각했기 때문에 발생한 것이라고 지적합니다.

인간 개개인은 전체의 틀속에 들어가고, 이용되며, 타자는 여기서 전체에 의해 지배됩니다. 이렇게 전체주의에는 개인의 인격과 존엄성에 대한 인식이 없습니다. 개체는 전체의 한 부분일 때만, 전체와의 연관 속에서만 존재의 의미를 갖게 되며, 전체주의 속에서는 한 개체의 고유성이 존재하지 않습니다. 여기에는 나와 다른 것, 또는 나와 구별되는 다른 이의 성격이 무시되기 때문입니다.

2) 개체와 전체의 평화

2과의 주제는 개인과 공동체의 평화입니다. 달리 말하면 개체와 전체의 평화라고 할 수 있습니다. 역사적으로 공동체를 위해서 개인이 희생되는 전체주의와 같은 수많은 일들이 있었고, 지금도 벌어지고 있으며, 반면에 개인의 이기주의로 공동체가 형성되지 않고, 상실되는 경우를 볼 수 있습니다. 포토 스탠딩 토론을 통해서 이 문제를 더욱 깊이 있게 성찰해 보도록 합니다.

■ **포토 스탠딩 안내 : 12장의 사진이 나타내는 주제를 간략히 제시합니다.**

① 브렉시트(영국의 유럽 연합 탈퇴)와 시리아 내전으로 탈출하다 배가 난파되어 사망한 난민 쿠르디
② 자국 우선주의(미국의 트럼프 대통령: 미국 우선주의)
③ 자기 몸에 이질적인 것은 거부하는 면역 체계의 강화(코로나로 인해 사회적, 관계적으로 확장). 면역강화가 지나치면 오히려 사이토카인 폭풍 등 부작용을 초래
④ 빈부 격차
⑤ 성별 갈등
⑥ 세대 갈등
⑦ 공동생활의 갈등
⑧ 다문화 갈등
⑨ 노사 갈등
⑩ 지역갈등(GTX 자기 동네로!)
⑪ 이-팔 전쟁과 갈등
⑫ 인도-파키스탄 갈등

■ 포토 스탠딩 토론 : 사회와 국가에서 일어나는 다양한 갈등

포토 스탠딩(Photo Standing)은 사진을 활용해서 자기 소개를 하거나 주제에 대해 이야기를 하는 토론입니다. 사진을 보여준 후 이를 통해서 주제와 관련된 이야기를 끌어냅니다. 사진은 다양한 의미를 담고 있을 수도 있지만, 1장의 사진을 보면서 다양한 해석이 가능합니다. 사진을 통해서 주제와 관련한 연상 작용을 하면서 창의적인 사고가 가능해지고, 이를 발표하는 과정에서 기발한 아이디어 등으로 인해 토론 분위기가 밝아집니다.

■ 포토스탠딩 절차

① 주제를 제시한다 : 공동체의 상실과 파괴(다름이 틀림은 아닙니다)
② 주제에 맞는 사진을 제시한다(모둠 또는 개인별로 한다: 1~3장까지)
③ 모둠원에게 자기가 고른 사진을 보여주면서 사진과 주제의 연관성을
설명한다.
⑤ 모둠에서 가장 좋은 설명을 한 사진을 선택한다.
⑥ 자기가 선택한 사진에 대해 선정이유를 아래의 **[활동지]**에 적는다.
⑦ 모둠별로 선택한 가장 좋은 사진에 대해 발표자가 설명한다.
⑧ 학습자들은 발표를 들으며 가장 좋은 설명을 한 모둠과 사진 내용을
활동지에 작성한다.
⑨ 모든 학습자의 발표가 끝나고, 활동지 작성이 끝나면 모둠 내에서
돌려본다.

[활동지]

토론주제 : 공동체의 상실과 파괴 (다름이 틀림은 아닙니다)
• 나는 왜 이 사진을 선택했는가?
• 가장 좋은 설명을 한 모둠과 사진 내용을 작성하세요.
• 토론 활동을 통해 알게 된 사실을 적어봅니다.

3. 생각에 날개 달기

포토스탠딩 토론 어땠나요? 개인이 극단화되면 이기주의가 되고, 공동체가 극단화되면 전체주의가 되어, 차별과 혐오, 심지어 폭력과 분쟁이 발생하는 것을 확인했습니다.

생각에 날개 달기에서는 개인과 공동체, 개체와 전체 사이에서 발생하는 사회 문화적 현상을 면역 개념으로 설명하는 이탈리아의 정치철학자 에스포지토(Roberto Esposito)의 이론에 주목합니다.

1) 개인의 과도함—이기주의

코로나19로 '면역력'이란 말이 화두가 되었습니다. 면역 체계의 강화로 인해 나와 다른 이질적인 것이 침투하지 못하게 마스크를 착용해야만 하며, 사회적 거리를 두면서 경계를 중요시하는 시대입니다. 이렇게 되면 개인주의가 더욱 팽배해지고 극단화되어 이기주의가 만연할 위험이 있습니다.

포토스탠딩에서 논의된 것처럼 이 시대 갈등으로 지적되는 계층, 직업, 이념, 세대, 젠더, 취미, 지역 등 자신과 비슷한 것만 추구하는 동질성(sameness)의 원리를 갖고 다름(otherness)을 배척하는 것입니다. 이를 의학적으로 면역성과 연결해서 생각한다면, 나의 몸과 다른 이질적인 것을 거부하는 것입니다.[3] 이것이 확장되면 나와 차이를 지닌 타인을 향해 거리를 두고, 거부하게 됩니다.

---

3) 한병철, 김태환 옮김, 『피로사회』(서울: 문학과지성사, 2012).

그런데 타인과 거리를 두는 것만이 나를 지키는 방법일까요? 아니면 타인을 향해 마음을 열고 환대해야 할까요? 이 질문들에 답하기 위해 면역 개념에서 말하는 이뮤니타스(immunitas)를 재해석 해봅니다.

면역 이론에서 보았을 때, 다름과 차이를 무조건 거부하고 자신의 방어체계를 굳건히 하는 극단적 이기주의는 '면역 폭풍'—자기 신체가 과도한 면역 물질을 분비해 정상 세포까지 공격하는 면역 과잉 반응인, '사이토카인 폭풍'을 불러일으켜 생명을 앗아갈 수 있습니다.

"공유지의 비극"(tragedy of commons)은 목동들의 이기심으로 자신의 사유지는 보전하고, 모두에게 개방되고 공유된 목초지에만 가축을 방목해 곧 황폐해진다는 개념입니다.

이러한 극단적 이기주의의 문제는 자신에게만 국한되지 않고, 초지·삼림·공기·물고기·지하자원과 같이 공동체 모두가 사용해야 할 자원에도 영향을 미칠 수 있습니다.

'면역 과잉'의 위험과 '공유지의 비극'에 처하지 않으려면, 마음을 열고 다양한 사람들, 낯선 사람들을 인정하며, 이타적으로 반응해야 합니다.

- 자기만 챙기는 이기적인 사람에 대한 생각을 자유롭게 나누어 봅니다.

---

2) 공동체의 과도함—전체주의

이제, 공동체 이야기를 해볼까요?

'공적인(public)'이라 함은 라틴어 'pubes'를 어원으로 하며, 이 단어는 어린아이에서 어른으로 성숙해 가면서, 자신뿐만 아니라 타인을 돌볼 준비가 되는 'puberty(사춘기)'라는 단어를 파생합니다. 그렇다면 공적인 것이 무조건 성숙하고 좋은 것이니 사적인 것을 모두 포기하고 매달려야 할까요? 이런 질문을 해봅니다. "공동체를 위해 개인을 희생한 적이 있는가?"

예를 들면, 단체로 식사를 하러 갔을 때, 개인의 의견은 무시되고 메뉴를 통일한다거나, 체육대회 옷을 준비하면서 개인의 취향은 거절되고, 획일화된 옷을 입어야 하는 경우 등 공동체가 가능하기 위한 가장 중요한 조건인 개인의 욕구나 취향, 심지어 재산과 정체성까지 희생되는 경우가 너무 많이 발생합니다.

이것을 리스만(David Riesman)은 『고독한 군중(*The Lonely Crowd*)』이라는 책에서 '군중 속의 고독'이란 표현을 하는데, 공동체에 소속해 있지만, 자아가 상실되며 고독과 회의를 느끼게 되는 상태입니다. 자신의 취향을 포기하고 집단에 녹아들기 위해 노력하는데, 이는 외적으로 드러나는 사교성과는 달리 내적으로는 고립감과 불안으로 번민하는 고독한 군중을 만들어낸다는 것입니다.

공동체(communitas)는 구성원들이 공적인 의무와 책임(munus)을 함께 짊어져야만 생성과 지속이 가능하기에, 개인(immunitas)의 희생을 초래하게 됩니다. 타인들의 생각과 관심에 예민하게 반응하며 그 집단에서 격리되지 않으려고 노력하는 '외부지향형' 인간으로의 적응을 추구하는 것입니다. 심지어 공동체를 과도하게 추구하는 집단 안에서는 전체주의가 발생하며, 개인은 소외감과 외로움, 나아가 희생을 강요당하게 됩니다.

독일의 히틀러가 '인종'에 바탕을 둔 나치즘을 일으켰고, 구소련의 스탈린이 '계급'에 기초한 공산주의를 확장시켰는데, 이는 20세기 전체주의의 대표 격으로 많은 사람을 희생시키고 죽음으로 몰아넣었습니다.

- '공동체'를 위해 나를 희생한 경험이 있다면 자신의 생각을 자유롭게 나누어 봅니다.

---

3) 개인과 공동체의 조화

"그렇다면 어떻게 개인과 공동체의 극단화로 인한 이기주의와 전체주의를 조심하며, 평화를 도모할 수 있을까요?" 단언하면 다름이 틀림은 아니며, 서로의 차이를 인정하고 수용해야 합니다. 이를 위해 개인과 공동체의 양쪽 극단에 치우치지 않아야 합니다. 즉, 개체에만 가까우면 자신만 존재하고, 전체에만 가까우면 자신을 잃게 됩니다. 개인과 공동체의 진정한 평화는 개인의 강한 정체성을 지키며, 공동체에 연합하기 위해 밖으로 향하는, 둘 사이의 긴장이 매우 중요합니다. 이 같은 개념을 '주체적 개인', 그리고 '개방적 공동체'라고 정의해 봅니다.

4. 삶에 접속하기—주체적 개인과 개방적 공동체

개인과 공동체의 복잡한 관계를 해결하고, 평화를 이루기 위해서는 이 둘 사이를 잘 조율하고 조화롭게 하는 것, 즉 주체적인 개인과 개방적인 공동체가 되어야 합니다. 그래야만 자아와 타자가 서로 연결될 수 있는 가능성이 생겨납니다.

면역의 긍정성(주체적 개인과 개방적 공동체)을 뒷받침하는 두 가지의 비유를 제시해 봅니다. 그것은 예방접종과 임신입니다.

1) 면역의 긍정성—예방접종, 임신

면역의 긍정성을 위한 첫 번째 비유는 예방접종입니다. 예방접종은 약화된 소량의 바이러스를 우리 몸에 침투시켜서 치명적 병원균에 대항할 수 있는 항체를 형성시키는 면역의 일종입니다. 우리가 생존하려면 외부의 무언가를 정상적으로 받아들이고 허용해서 면역을 형성해야 하듯이 나와 공동체를 위해서, 나 자신과 다른 이들을 수용하고 인정해야 합니다.

면역의 긍정성을 위한 두 번째 비유는 임신(pregnancy)입니다. 태아는 면역의 관점에서 볼 때 엄마에게 타자이지만, 면역 체계로부터 완벽하게 보호됩니다. 엄마는 태아에게 향하고, 태아는 엄마에게 향하지만, 서로 다른 주체의 결과는 오히려 생명의 불꽃을 일으킵니다. 따라서 바깥의 타자성과 이질성을 무조건 적(敵)으로 보면서 자아와 타자에 대한 견고한 장벽을 세우는 것이 아닌, 외부와의 적절한 교류, 즉 면역의 긍정성을 인정하는 것입니다. 에스포지토는 이를 '긍정적

생명정치'라고 말합니다.

예방접종과 임신의 유비를 통해 "자아에 대한 타자의 면역 반응은 부정적이기보다는 긍정적임"을 알 수 있습니다. 이를 통해 자아가 타자, 개인과 공동체가 서로 익숙해지는 삶의 과정을 이해하고 조화로움을 이루어야 한다는 것을 깨닫습니다. 이것이 생명과 평화를 이루어 가는 길입니다.

2) 우리는 평화를 원합니다! (We Want Peace!)

마음열기에서 언급했던 'LA 폭동'을 다시 생각해 봅니다. 사망 53명, 부상 4천여명, 물적피해 10억 달러의 막대한 피해를 입은 한국인들은 이 사건을 '폭동'이라고 표현하지 않았습니다. 폭동은 가해자와 피해자가 구분되어, 또 다른 차이와 차별, 혐오, 폭력, 분쟁을 낳을 수 있다고 여겼기 때문입니다. 한인들은 이 사건을 '4.29'라고 표현했고, 폭동이 휩쓸고 간 거리에 다시 모여 거리를 청소하며, "우리는 평화를 원한다!(We Want Peace!)"를 외치며 행진했습니다. 그러자 흑인들, 히스패닉, 심지어 백인들까지 한국인들의 "우리는 평화를 원한다!(We Want Peace!)"의 행렬에 합류했습니다.

이 큰일을 겪고 나서 결국 모두가 깨달았습니다. "우리는 모두 함께 살아가야 할 이웃이며, 동료 인간이다!"

4.29 사건의 핵심은 다음과 같습니다. "피부색, 인종, 모든 다름과 차이. 이런 것이 중요하지 않다. 우리는 모두 공존해야 할 친구이며 함께 살아가야 할 이웃이다!"

	접속 2023. 3. 2. 4) https://youtu.be/tU1CpMu3lUA

[Activity] 1. 차이, 차별, 혐오, 폭력, 분쟁, 전쟁 등을 반대하는 노래들을 들어보면서 나의 생각을 적고 나누어 봅니다.

접속 2022.3.20.

― https://www.youtube.com/watch?v=f9iOQijDpRo 21 Guns

― https://www.youtube.com/watch?v=LUcfUGj-0wg Heal the world

[Activity] 2. 분단(지역, 이념, 정치외교, 마음)의 아픔을 알고 해결하는 피라미드 토론

"개인(immunitas)을 생각하면서, **남과 북의 주체성(독자성)**을 생각해 봅니다. 그리고 공동체(communitas)를 생각하면서, **남과 북이 함께할 수 있는 공동성**을 논의해 봅니다. 다음과 같은 절차로 피라미드 토론해 봅니다.

피라미드 토론 절차

접속 2023. 3. 2. (https://www.youtube.com/watch?v=AmDGbiQ-C3M)

---

4) https://www.youtube.com/watch?v=LpJIeE9MuX0 달리 [SBS 교양공식채널].

① 제시된 주제와 관련된 질문에 관해 각자 세 가지를 각각 메모카드에 적습니다. 작성한 내용은 낱말 하나여도 되고 문장이어도 괜찮습니다.

② 각자 기록한 것을 갖고 옆 사람과 1대 1로 짝을 이루면 모두 여섯 장이 될 것입니다.

③ 상대방과 토론해서 카드 여섯 장을 세 장으로 줄입니다. 줄이는 과정에서 짝에게 자신이 적은 것이 주제와 어떻게 관련되는지를 설명해야 합니다.

④ 이런 과정을 거쳐 1+1, 2+2, 4+4, 8+8로 확장하면서 점차 카드를 줄여 갑니다.

⑤ 전체 참가자가 두 모둠으로 나뉠 때까지 토론을 하고 나서 마지막으로 정리합니다.

⑥ 두 팀의 내용을 놓고 전체가 모인 자리에서 마지막 합의를 거쳐 완성된 하나의 의견을 결정합니다.

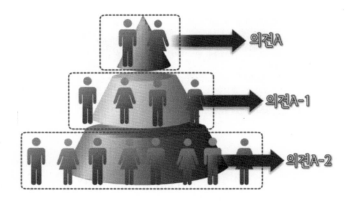

‖ 참조 사이트 ‖

p. 57

① http://www.kidd.co.kr/news/206720

② capitolhilloutside.com

③ https://www.hani.co.kr/arti/PRINT/862547.html

④ https://www.yna.co.kr/view/AKR20160913143700009

⑤ https://www.goodnews1.com/news/articleView.html?idxno=100211

⑥ http://m.ikoreadaily.co.kr/news/articleView.html?idxno=240743

⑦ https://www.ntoday.co.kr/news/articleView.html?idxno=77121

⑧ https://cm.asiae.co.kr/article/2019112505550916725

⑨ https://www.seoul.co.kr/news/newsView.php?id=20180730013001

⑩ https://www.dhdaily.co.kr/news/articleView.html?idxno=1471

⑪ https://busan.fnnews.com/news/202103071742562896

⑫ http://www.missiontoday.co.kr/news/2894

국가와 국가의 평화

소통과 공감의 자리가 평화를 만듭니다

1. 마음 열기

2022년 2월 4일부터 2월 20일까지 '2022 베이징 동계올림픽'이 개최되었습니다. 코로나19의 여파로 전 세계가 이전과 전혀 다른 일상을 살아가는 가운데 열린 겨울 스포츠 축제였습니다. 어려운 여건에도 불구하고 끝까지 최선을 다하는 우리 선수들의 모습은 지치고 힘겨워하는 우리 모두에게 가슴 뜨겁고 뭉클해지는 시간을 선사해주었습니다. 1988년 한국에서 개최된 '1988 서울 하계올림픽'을 떠올려 봅니다. 다음은 1988년 서울 올림픽의 공식 주제가 '손에 손잡고'(Hand in Hand)의 동영상(링크 또는 QR 코드 참조)과 가사입니다.

접속 2023. 3. 2. Koreana - Hand in Hand | Opening Ceremony Seoul 1988 | Music Monday - YouTube	

접속 2023. 3. 2. http://oly.ch/Olympics

손에 손잡고

1. 하늘 높이 솟는 불 우리의 가슴 고동치게 하네
이제 모두 다 일어나 영원히 함께 살아가야 할 길 나서자
손에 손잡고 벽을 넘어서 우리 사는 세상 더욱 살기 좋도록
손에 손잡고 벽을 넘어서 서로서로 사랑하는 한마음 되자 손잡고

2. 어디서나 언제나 우리의 가슴 불타게 하자
하늘 향해 팔 벌려 고요한 아침 밝혀 주는 평화 나서자
손에 손잡고 벽을 넘어서 우리 사는 세상 더욱 살기 좋도록
손에 손잡고 벽을 넘어서 서로서로 사랑하는 한마음 되자 손잡고

Hand in Hand

1. See the fire in the sky
We feel the beating of our hearts together
This is our time to rise above
We know the chance is here to live forever
For all time
Hand in Hand we stand all across the land
We can make this world
A better place in which to live
Hand in Hand we can start to understand
Breaking down the walls
That come between us for all time Arirang

2. Everytime we give it all
We feel the flame eternally inside us
Lift our hands up to the sky

The morning calm helps us to live in harmony

For all time

Hand in hand we stand all across the road

We can make this world

A better place in which to live

Hand in Hand we can start to understand

Breaking down the walls

That come between us for all time Arirang

잘 알려진 대로, 냉전으로 인해서 각각 '반쪽짜리 올림픽'으로 열렸던 1980년의 모스크바 올림픽과 1984년 LA 올림픽 이후, 냉전 종식을 상징이라도 하듯 '1988 서울 올림픽'은 소위 '동서 진영'이 모두 참여하는 그야말로 전 세계적인 평화의 축제로 자리매김하였습니다.

● 마음을 여는 토의

(1) 오늘날 모두가 함께 만들어갈 수 있는 '평화의 자리'는 무엇일까요?

(2) 국가와 국가, 민족과 민족 사이에서 일어나는 분쟁과 다툼의 원인은 무엇인가요? 그리고 무엇이 평화로운 공생과 협력을 가로막고 있을까요?

2. 생각 쌓기—평화 vs. 분쟁

1) 평화의 자리는 어떻게 만드는가?

'1988 서울 올림픽'이 보여주었던 것처럼 스포츠는 모두가 함께 할 수 있는 대표적인 평화의 자리가 될 수 있습니다. 우리는 이것을 몇 년 전에 직접 경험했습니다. 2018년 2월 9일부터 25일까지 개최되었던 '2018 평창 동계올림픽' 당시 우리는 여자 아이스하키 종목에서 1991년 탁구 남북 단일팀 이후 27년 만에 남북 단일팀을 구성하여 출전하였습니다. 다소 갑작스러운 결정에 여러 가지 면에서 찬반 논쟁도 뜨거웠지만, 극적으로 합의가 이루어진 결과였습니다. 아래의 동영상 (링크 또는 QR 코드 참조)이 그 당시의 감동을 전해줍니다.

접속 2023. 3. 2.
https://youtu.be/4163oPn8xS8

접속 2023. 3. 2. www.videomug.co.kr

평화의 자리는 곧 화해와 하나 됨의 자리입니다. 상대방에 대한 편견이나 미워하는 마음, 나와는 다른 생각의 차이와 득실을 계산하는 태도를 잠시나마 내려놓고, 열린 마음으로 대화에 나설 때 평화의 자리도 마련됩니다.

2) 분쟁과 다툼은 왜 일어나는가?

국가와 국가, 민족과 민족 간에 분쟁이 발생하는 원인과 상황은 다양합니다. 대표적으로 우리는 자국의 이익, 민족/인종과 종교의 차이, 이념의 차이를 생각해볼 수 있는데, 대개 이러한 원인적 요소들은 명확하게 구분되기보다는 복합적으로 나타납니다. 한편, 나라와 나라 사이의 분쟁이나 전쟁은 아니지만, 한 나라 안에서 벌어지는 갈등도 '민족/인종 청소'(ethnic cleansing)를 동반한 전쟁의 양상으로 전개될 수 있습니다. 미얀마(Myanmar)에서 지금도 진행 중인 소수민족 로힝야족(Rohingya People)에 대한 박해와 군사 쿠데타로 인한 혼란의 상황이 대표적인 예입니다.

로힝야족은 이슬람교 계열의 소수민족으로서, 이들에 대한 박해는 1962년부터 지금까지 계속되고 있고, 그동안 다수의 사상자는 물론이고 수십만 명의 난민이 발생했습니다. 가장 최근의 탄압으로는 25,000명의 사망자와 18,000명의 성폭행 피해자 그리고 75만 명의 난민을 만들어낸 2017년 8월 25일의 학살 사태를 들 수 있습니다. 당시 총책임자는 민 아웅 흘라잉(Min Aung Hlaing) 최고사령관이었는데, 바로 그가 지난 2021년 2월 1일에 쿠데타를 일으켜서 권력을 차지한 인물이기도 합니다.

군부는 쿠데타 감행의 이유로 2020년 11월에 치러진 총선에서의 부정선거 의혹을 내세웠지만, 실제로는 정치적, 경제적 기득권의 축소에 대한 군부의 우려가 그 이면에 있습니다. 이로써 유엔(UN)이 세계에서 가장 박해받는 민족으로 꼽았다고 하는 로힝야족에 대한 지속적인 학살 및 '민족 청소' 외에도 민주주의를 지키기 위해서 군부에 저항하는 수많은 시민이 목숨을 잃거나 체포됨으로써 전쟁을 방불케 하는 일들이 계속되고 있습니다.

http://life.ytn.co.kr 또는 https://www.youtube.com/channel/UCDww...

우리는 여기서 다시 한번 분쟁이 일어나는 요인들이 복합적이라는 사실을 확인하게 되며, 무엇보다도 자신의 기득권이나 이익을 위해서라면 다른 민족을 향해 폭력과 살상을 마다하지 않는 모습도 목격할 수 있습니다.

모든 인간은 존엄하고 평등한 존재라는 사실(1과 참조)을 망각할 때, 개인이 극단화된 이기주의와 공동체가 극단화된 전체주의(2과 참조)를 극복하지 못할 때, 그리고 이러한 망각과 극단화 상태가 개인과 공동체를 넘어, 한 국가와 민족으로, 국가와 국가 사이의 관계로 확장될

때, 평화의 자리는 사라지고 분쟁과 다툼만이 남습니다.

3. 생각에 날개 달기—소통과 공감은 평화의 출발점

평화의 자리와 분쟁 및 다툼의 원인이라는 두 가지 주제의 흐름을
계속 따라가면서 이를 넘어서기 위한 발걸음을 어떻게 내딛어야 하는지
함께 생각해 봅니다.

1) 우리는 평화를 원한다

평화와 분쟁을 이야기하면 러시아와 우크라이나 사이에서 벌어진
전쟁을 언급하지 않을 수 없습니다.

(1) 러시아의 우크라이나 침공

2022년 2월 24일 러시아가 우크라이나의 영토를 침공함으로써
소위 '러시아-우크라이나 전쟁'(또는 '우크라이나-러시아 전쟁')이 본격
화되었습니다. '시작'보다는 '본격화'라는 말을 사용할 수밖에 없는
이유는 이 전쟁이 실제로는 2014년으로 거슬러 올라가기 때문입니다.
2014년 2월 20일에 러시아는 우크라이나의 정권 교체 과정에서 자국민
들을 보호한다는 명목으로 우크라이나 남쪽의 크림반도(Crimean
Peninsula)를 점령 및 병합하였습니다. 당시부터 미국과 EU(European
Union)를 중심으로 많은 나라와 국제단체들이 러시아의 침공을 비난하

면서 국제적인 제재를 가하기 시작했고, 러시아는 북대서양 조약 기구 [NATO(이하 나토)]의 확장이나 우크라이나의 영토 활용 등 제3의 국가가 개입할 경우, 즉각적으로 보복하겠다는 뜻을 밝힘으로써 국제적 긴장 상황이 촉발되었습니다.

2021년 3월부터 러시아가 우크라이나 국경에 대규모 병력을 집중적으로 배치함으로써 두 나라 사이의 갈등은 점점 고조됩니다. 러시아는 자국 군대의 철수 조건으로 우크라이나의 나토 가입 금지와 동유럽에서 나토의 군인 및 군사장비의 감축 등을 내세웠고, 미국을 비롯한 나토 회원국들은 이러한 요구조건을 거부하면서 러시아가 우크라이나를 침공할 경우 2014년부터 진행되기 시작한 경제 제재를 더욱 강화하겠다고 선언했습니다. 2022년 1월에는 미국과 러시아의 양자 회담마저 무산됨으로써 위기와 긴장을 해소하기 위한 해결책이 제시되지 못했고, 결국 2월 24일 러시아는 우크라이나를 침공했습니다.

안타깝게도 양측의 전쟁은 장기화되고 있습니다. 우크라이나가 러시아군의 즉각적인 철수를, 러시아가 우크라이나의 무장 해제와 지도부 축출을 전쟁 중단의 조건으로 내걸면서 양측은 평행선을 달리고 있습니다. 무엇보다도 가슴 아픈 일은 전쟁으로 인해 이미 적지 않은 군인들이 목숨을 잃었을 뿐만 아니라, 수많은 생명이 죽음의 위협에 내몰리게 되는 시간 자체가 길어질 수밖에 없다는 사실입니다. 부득이하게 삶의 터전을 등지고 떠나는 우크라이나 사람들의 수는 기하급수적으로 늘었고, 아이들을 포함하여 민간인이 목숨을 잃는 일들은 물론이고 물적 피해도 일일이 열거하기 힘든 상황입니다.

연합뉴스: 민간인 피해가 속출하고 있는 전쟁 22일째(=3월 18일)의 상황(1분 9초) [접속 2023. 3. 2.]	MBC 뉴스: 두 소년의 '나 홀로 피난길'(1분 26초) [접속 2023. 3. 2.]

아래의 사진을 함께 봅니다.

https://img.sbs.co.kr/newimg/news/20220308/201644970_1280.jpg

영상(두 소년의 '나 홀로 피난길' 영상 중 55초 이후 참조)을 캡처한 이 사진은 열 살도 채 안 되어 보이는 한 우크라이나 소년이 한 손에 펭귄 인형을 담은 비닐봉지를 든 채 소리 내어 울면서 혼자 피난 가는 모습을 보여줍니다. 주변에는 무리를 지어 함께 이동하는 사람들이 보이지만, 이 소년의 곁에는 아무도 없습니다. 홀로 걷던 소년의 모습이 담긴 짧은 영상은 폴란드 국경에서 촬영된 것으로 알려졌는데, 소년이 누구인지, 왜 부모도 없이 혼자 피난길에 오른 것인지는 알려지지 않았다고 합니다.

전쟁은 그 자체가 비극입니다. 먼저 공격하는 쪽이나 방어하는 쪽 모두에게 전쟁은 인간을 생명뿐만 아니라, 삶의 터전 전체를 파괴하는 극단적인 상황으로 내모는 비인간적인 행위입니다. 전쟁을 일으킬 '정당한 이유'가 존재할까요? 전쟁이 가지는 의미는 무엇일까요? 전쟁에서 승자와 패자를 논하는 일은 의미가 있을까요?

---

(2) 평화의 자리를 위한 작은 발걸음

전쟁이 진행 중일 때 평화를 위해 무엇인가를 한다는 것은 너무 막연해 보일 수 있지만, 전쟁으로 인해 고통당하는 사람들에게 손을 내밀어주는 일은 가능할 것입니다.

① "우리가 먼저 돕는다"—이웃나라 폴란드의 '환대 정신'

러시아가 우크라이나를 침공하면서 우크라이나를 탈출하는 '전쟁 난민'의 수가 급격하게 증가했습니다. 처음 5일 동안 67만 명이었던 피난민의 수는 3월 8일에는 200만 명, 3월 12일에는 250만 명, 3월 15일에는 300만 명을 넘어섰다고 합니다. 유엔난민기구(UNHCR)는 전쟁이 장기화될 경우 1,000만 명에 육박할 것이라고 예측했습니다. 이러한 상황에서 우크라이나와 문화적 유사성이 큰데다가 우크라이나 이민자 사회가 상당한 규모로 형성되어 있는 이웃나라 폴란드가 피난민

수용에 매우 적극적인 모습을 보여주고 있습니다. 3월 12일 당시 난민이 약 269만 명에 이르렀을 때 폴란드는 그중 60퍼센트가 넘는 우크라이나 피난민을 받아들였다고 합니다. 전쟁 초기만 해도 폴란드로 넘어온 사람들은 주로 친척이나 친구 등의 도움을 받아 임시로 정착했지만, 그 규모가 늘면서 최근엔 수도 바르샤바 외곽의 대형 전시장 등에 피난민들을 수용하고 있는 것으로 전해졌습니다.

② "작지만 참여하고 싶다"―한국 기업과 교민들의 '연민'(憐憫)[1]

유럽에 살고 있는 한국 교민들도 우크라이나 난민들을 지원하는 일에 나섰습니다. 3월 초에는 유럽의 한 한인 기업이 국내 기업과 함께 라면 2만 개를 비롯하여 즉석밥과 과자 등 4만 유로 상당의 식품을 준비하여 민주평화통일자문위원회(이하 민주평통) 중동부유럽협의회를 통해 난민이 가장 많이 모이는 폴란드 국경 지역에 전달한 적이 있습니다. 이에 유럽 중부와 동부에 살고 있는 한인들도 "가능하면 작지만 참여하고 싶다."라는 뜻을 비치면서 모금에 동참하기 시작했고, 정종완 회장은 수량에 관계 없이 모으는 대로 보낼 계획이라고 밝혔습니다. 민주평통 협의회는 2차로 3월 11일에 슬로바키아 국경 지역에 라면, 즉석밥, 조미김, 과자 등 26톤 화물차 한 대 분량의 한국 식료품과 기초의약품을 기부했습니다. 이것은 현지에서 활동 중인 한인 선교사를 통해 우크라이나 국경 지대에 모인 난민들에게 분배되었다고 합니다. 또한 16일까지 국내외 4개 지역회의와 52개 협의회로부터 총 1억9천만 원 상당의 성금과 물품을 모아서 우크라이나에 지원했다고 밝혔습니다.

---

1) 아래 '3) 소통과 공감은 평화의 출발점이다'에 있는 자크 데리다의 '연민' 참조.

https://www.dispatch.co.kr/2190478

(3) '콘서트 대신 기부'—팬덤의 '선한 영향력'

방탄소년단(BTS)의 멤버 지민(본명 박지민)의 팬들이 전쟁으로
고통받는 우크라이나를 돕기 위한 기부 릴레이를 벌여 화제가 되기도
했습니다. 그 시작은 지민의 캐나다 팬들이었는데, 이들은 우크라이나
어린이들을 위해서 '박지민'의 이름으로 유엔난민기구와 유니세프 캐나
다에 기부했다고 합니다. 그 후에 지민의 국내 팬들도 3월 10일, 12~13일
잠실 종합운동장 주경기장에서 열리는 BTS 서울 콘서트의 티켓 구매는
실패했지만, 그 비용을 '지민'의 이름으로 기부하겠다는 뜻을 밝히며
기부 릴레이를 이어갔던 것입니다. 평소에도 꾸준히 기부와 선행을
실천해온 지민의 영향을 받은 그의 팬들이 국적과 지역을 가리지 않고
기부에 동참함으로써 선한 영향력을 끼치고 있다는 소식은 평화를
바라는 우리 모두에게 훈훈한 감동을 선사해줍니다.

위의 세 가지 사례는 전쟁을 멈추게 할 수는 없을지라도 평화를
염원하는 간절한 마음으로 내딛는 소통과 공감의 작은 발걸음이라고

할 수 있습니다. 우리가 실천해볼 수 있는 일은 무엇일까요?

2) 분쟁과 다툼은 비극을 가져올 뿐이다

국가와 국가 사이에서 일어나든, 한 나라에서 발생하든, 분쟁과 다툼이 가져오는 결과는 치명적이고 참혹합니다. 과거 역사에서 우리는 대표적으로 제2차 세계대전 중에 나치 독일이 점령지에서 계획적으로 유대인과 슬라브족, 롬인(Rom[=집시])과 동성애자, 장애인과 정치범 등 약 1,100만 명의 민간인과 전쟁 포로를 학살한 사건('홀로코스트'[Holocaust])을 생각해볼 수 있습니다. 캄보디아 내전(Cambodian Civil War) 중 1975-1979년 크메르 루주(Khmers Rouges) 정권이 사람들을 대규모로 처형한 사건(Cambodian genocide) 및 죽은 시신들을 한꺼번에 묻은 집단매장지들('킬링 필드'[Killing Fields])도 떠오릅니다. 두 사건은 포스트모더니즘(postmodernism)에서 '근대의 실패' 또는 '이성의 실패'를 보여주는 사례로 여겨지기도 합니다.

과거를 지나 현재로 오면, 전쟁과 내전이 가져오는 또 다른 참혹한 결과를 마주하게 됩니다. 바로 난민 문제입니다. '아일란 쿠르디 사건'을 통해 이 문제를 함께 생각해 봅니다.

연합뉴스

아일란 쿠르디(Alan Kurdi)는 시리아의 쿠르드계 세 살배기 어린이였습니다. 시리아 내전으로 인해 가족들과 함께 유럽으로 이주하던 중 지중해에서 배가 난파되었고, 터키 보드룸(Bodrum)의 해변에서 사망한 채로 발견되었습니다(2015년 9월 2일). 터키의 언론사 도안통신(DHA) 소속 닐류페르 데미르(Nilufer Demir)가 찍어서 공개한 이 아이의 사진은 국제적으로 큰 파장을 일으켰습니다(아래의 1분 42초 분량 영상 참조). 이로 인해 유럽 전체의 난민 정책이 바뀌게 되었고, 많은 국가에 난민에 대한 기본적인 생각의 전환을 가져오도록 했습니다.

[접속 2023. 3. 2.]
YTN: 터키 해변에서 '3살 꼬마' 난민 시신 발견...
끔찍한 참상에 전 세계 공분(1분 42초)

세계 난민 현황 단위: 명, 2020년 말 기준

전체 2450만4000

유럽
677만7200

아메리카
461만5400

중동 및
북아프리카
250만9500

아시아·
태평양
401만6400

아프리카
658만5400

난민발생 상위 5개국	
시리아	669만
베네수엘라	402만7000
아프가니스탄	259만5000
남수단	218만9000
미얀마	110만3000

난민비호 상위 5개국	
터키	365만2000
콜롬비아	173만1000
파키스탄	143만9000
우간다	142만1000
독일	121만1000

자료 : 유엔난민기구(UNHCR) 2020년 연례보고서,
UNHCR 데이터 포털(https://data2.unhcr.org/en/situations)

위의 도표가 보여주듯이, 시리아는 난민 발생 상위 5개국 가운데서 1위를 차지할 정도로 내전의 결과는 참혹합니다. 그런데 이제는 러시아의 우크라이나 침공으로 인해 발생한 우크라이나 난민들의 숫자가 시리아 난민들의 수를 훨씬 뛰어넘을 것 같아 안타깝기만 합니다.

사실, 난민 문제는 이제 남의 일만은 아닙니다. 이미 2018년에 예멘 내전이 장기화하면서 세계 각지로 흩어진 난민 중 500명이 제주도로 입국한 적이 있어서 한때 난민 문제가 크게 부각된 적이 있습니다. 가장 최근의 일로 2021년 8월 25일 정부가 탈레반의 정권 장악으로 어려움에 빠진 아프가니스탄에서 그동안 한국을 도왔던 현지인과 그 가족 390여 명이 한국에 입국한다고 밝히면서 다시 한번 난민 문제가 이슈로 떠올랐습니다.

연합뉴스: 법무부 장관 성명(2분 5초) [접속 2023. 3. 2.]	연합뉴스: 탈레반 보복에 SOS...아프간인 380여명 내일 도착(2분 7초) [접속 2023. 3. 2.]

아프가니스탄에서 온 이들은 2022년 2월 10일을 끝으로 여수 해경교육원을 떠나 진짜 한국사회를 만나게 되는 자립의 길을 걷기 시작했습니다. 이제부터야말로 정부의 역할과 책임이 시작되었다고 강조하는 목소리도 높습니다. 한국은 난민과 별개로 간주하여 난민 통계에 넣지 않고 있는 탈북민과 관련해서도 여러 가지 해결해야 할 문제와 과제 앞에 서 있지만, 그렇다고 해서 난민 문제를 결코 등한시해서도 안 될 것입니다. 우리에게도 결코 남의 일만이 아닌 난민 문제에 대해서 우리가 생각해 보아야 하는 것은 무엇일까요?

3) 소통과 공감이 평화의 출발점이다

인간의 근본적인 가치인 존엄성과 평등성을 회복하는 일이 어려운 과제이듯이(1과 참조), 평화의 자리를 위해 첫걸음을 내딛는 일은 쉽지 않습니다. 그리고 개인(이뮤니타스[immunitas])과 공동체(코뮤니타스[communitas])의 과도함이 가져오는 문제들이 심각하듯이(2과 참조), 국가와 국가 사이에서 또는 한 국가 내에서 발생한 분쟁과 다툼이 가져오는 결과는 암울해 보이기만 합니다. 하지만 그렇다고 해서 평화를 위한 우리의 노력이 멈추어서는 안 될 것입니다. '천리길도 한 걸음부터!(A journey of a thousand miles begins with a single step!)'— 소통과 공감은 출발점이 될 수 있습니다!

21세기를 살아가고 있는 우리에게 '함께 살아가는 것'(공생[共生])이 가장 중요한 화두라는 사실을 부정하는 사람은 없을 것입니다. 사회정치, 경제, 환경 등의 측면을 생각했을 때 나 혼자만, 내가 몸담은 공동체만, 내가 속한 사회만, 내가 살아가고 있는 나라만 잘 사는 것은 이제 불가능합니다. 나와는 다른 타자, 우리 공동체에 속하지 않은 무리, 사회의 가장자리에 있거나 다른 사회에 속한 사람들뿐만 아니라, 인종과 관습이 다른 나라와도 소통과 공감이 절대적으로 필요한 이유가 여기에 있습니다.

자크 데리다(Jacques Derrida, 1930-2004, 프랑스 철학자)는 소통과 공감의 중요성을 '연민'(憐愍)이라는 말로 표현하였습니다. 우리말로 '다른 사람의 마음을 불쌍히 여기는 마음'을 뜻하는 '연민'의 어원은 '함께 고통받음'([라틴어]compassio→[영어]compassion)입니다. 이것은 나와 타자가 분리될 수 없다는 상호의존성을 전제하며, 공평성과

정의의 가치들을 포함함으로써 고통을 함께 느끼는 것을 넘어 그 고통을 가져오는 원인적 요소들을 제거하기 위한 적극적인 행동('연대'[連帶])을 유발합니다. 바로 이 연민이, 이를 바탕으로 한 소통과 공감이 개인과 공동체를 넘어, 한 국가와 민족 내부에서, 그리고 국가와 국가 사이의 관계 안에서 분쟁과 다툼을 극복하고 평화의 자리를 만들어갈 수 있는 출발점이자 동력(動力)이 됩니다.

4. 삶에 접속하기—평화의 자리를 위한 첫걸음

1) 마음으로 생각해보기: '평화의 자리는 어떻게 시작될 수 있는가?'

이스라엘과 팔레스타인 자치 정부 및 주변 아랍 국가들 사이의 적대 또는 긴장관계를 모르는 사람은 거의 없을 것입니다. 세계적으로 유명한 사교댄스 댄서인 피에르 듈레인(Pierre Dulaine)은 춤이 두 민족 혹은 두 커뮤니티의 정치적, 문화적 차이를 극복할 수 있는 결정적인 매개체임을 확신하며 유대인과 아랍인 아이들이 함께 춤을 배우는 댄스교실을 연 적이 있습니다. 그의 댄스교실은 민족 간의 갈등을 극복하고 춤으로 소통하며 우정을 쌓을 수 있는 공간이 되었고, 서로 다른 민족과 커뮤니티에 속하던 아이들은 함께 춤을 배우며 평화를 만들어가는 것이 무엇인지를 배울 수 있었습니다. 이 프로젝트는 'Dancing in Jaffa'(2013년)라는 제목의 다큐멘터리 영화로 제작되기도 했습니다(링크 또는 QR 코드 참조).

http://bit.ly/sxaw6h

접속 2023. 3. 2.
Tribeca FF (2013) - Dancing In Jaffa Official Trailer
#1 HD - YouTube

코로나19가 전 세계의 일상을 바꾸어 놓은 지도 2년이 지났습니다. 우리에게도 많은 어려움과 변화가 있었지만, 팬데믹의 소용돌이 속에서 현실적으로 더 큰 위기를 맞은 것은 경제적으로 가난한 나라의 사람들입니다. 13억 인구의 인도도 예외는 아니었습니다. 그런데 코로나19가 발생했던 초기에 위험을 무릅쓰고 쌀과 밀, 콩과 양파, 설탕과 소금, 마스크 등 비상식량 포대를 가장 열악한 슬럼가에 나누어준 한국 선교사들이 있었습니다. 원정하 선교사도 그중 한 사람입니다. 한국과는 너무도 다른 기후환경과 기본적인 위생 상태는 물론이고, 통행금지령, 점포와 직장의 강제 영업 중지 및 대중교통 운행 정지와 같은 최악의 상황에서 펼친 긴급 구호 사역은 종교나 인종 등 그 밖의 모든 차이를 넘어

오로지 사람의 생명을 최우선으로 생각했기에 가능했습니다. 한 마디로, 코로나 지옥에서 생명을 나누었던 것입니다.

[접속 2023. 3. 2.] SBS 모닝와이드 2020년 7월 7일 방송(7분 44초)	[접속 2023. 3. 2.] CGNTV 하늘빛향기 534편 2021년 6월 18일 방송(39분 12초)

● 올림픽과 같은 스포츠 축제나 BTS의 음악 활동은 소통과 공감으로 시작하여 교류와 협력 관계를 만들어갈 수 있는 대표적인 평화의 자리입니다. 듈레인의 프로젝트나 원정하 선교사의 구호 사역도 같은 맥락입니다. 그 외에 경제, 문화, 학술 분야 등도 이를 위한 좋은 출발점이 될 수 있습니다. 소통과 공감을 위한 구체적인 아이디어를 함께 모아봅니다. 그리고 우리가 직접 실천할 수 있는 일을 생각해보고, 가능하다면 실제로 시도해봅니다.

2) 마음으로 행동하기: '평화를 위한 작은 발걸음'

한국 사람이 아니면서도 동족상잔이라는 비극적인 역사에 함께 했던 이들이 있습니다. 바로 6.25 전쟁 참전 용사들입니다. 이들은 생전 들어보지도 못한 동아시아의 작은 나라에서 벌어진 전쟁에 투입됨으로써 전쟁의 고통과 아픔을 고스란히 경험했고, 그 이후부터 지금까지 그 기억을 안고 살아가고 있습니다.

코로나19 유행 초기에 우리 정부는 22개국 625 전쟁 참전 용사들에게 마스크, 진단 키트, 방역 물품 등을 담은 '생존 박스'(Covid-19 Survival Box)를 선물함으로써 고마움을 표시한 적이 있습니다.

그중에서도 아프리카에서 유일하게 지상군을 파병한 에티오피아의 강뉴(Kangnew=혼돈에서 질서를 확립하다) 부대 출신의 참전 용사들에 관한 이야기는 많은 감동을 안겨 주기도 했습니다. 자신들의 조국에서 9,000km 이상 떨어져 있는 낯선 나라로 파병되었던 에티오피아 참전 용사들은 6.25 전쟁이 끝나고 귀국하면서 경제적으로 어려운 현실을 마주하게 됩니다.

특히 1974년 군부의 쿠데타로 공산주의 정권이 수립되면서 그들은 자유주의 진영에서 싸웠다는 이유로 재산을 몰수당하고 직장에서도 퇴출당하는 일들을 겪게 됩니다. 1991년에 공산주의 정권이 무너졌지만 그들의 삶은 달라지지 않았습니다. 평균 연령이 90세인 생존자 132명 (2020. 5. 기준)과 그들의 가족에게 마스크 4만 장이 전달되었습니다. 그들의 이야기는 아래의 링크를 참조하세요.

연합뉴스: 에티오피아 참전용사에 마스크 전달… "희생에 감사"(8분 59초) [접속 2023. 3. 2.]	KBS: 6·25 특집 다큐 "영웅의 귀환" 에티오피아 강뉴부대(48분 50초) 2017년 6월 24일 KBS 1TV에서 방영. '강뉴'란 초전박살이라는 의미이다. 단 한 명의 피해도, 단 한 명의 포로도 없었던 전설의 부대! 6.25 전쟁이 발발하자 들어본 적도 없는 이국땅에서 한국의 자유를 지키기 위해 참전했던 에디오피아 강뉴부대를 재조명했다. http://https://program.kbs.co.kr/1tv /culture/tv20170393/pc/index.html

오늘날에도 분쟁과 고통의 현장에서 위험을 무릅쓰고 그 나름대로의 방식으로 평화를 위해 수고하는 사람들이 있습니다. 인종과 진영을 구분하지 않고 오로지 사람의 생명을 지키기 위해 노력하는 사람들(예: 국경없는의사회=Médecins Sans Frontières)이나 모든 사람이 인권을 누리는 세상을 만들기 위해서 활동하는 사람들(예: 국제엠네스티=Amnesty International) 그리고 전 세계의 가난하고 아프고 고통받는 이들을 돕고 있는 사람들(예: 사마리안퍼스[Samaritan's Purse])입니다. 특히 전쟁으로 인해 고통 받고 있는 우크라이나의 긴급 구호를 위해 앞장서고 있는 단체들도 있습니다(예: 유엔난민기구[UN Refugee Agency]와 유니세프[unicef] 등).

● 이들에게 작은 힘을 보태보면 어떨까요?

— 국경없는의사회 후원 ㅣ 국경없는의사회 (msf.or.kr) 또는
https://amnesty.or.kr/donation/#pledge

— [국제엠네스티] https://amnesty.or.kr/donation/#pledge

— [사마리안퍼스] https://samaritanspurse.or.kr/project-giving/

— [유엔난민기구]
https://www.unhcr.or.kr/unhcr/program/donate/support_index.jsp

— [유니세프]
https://www.unicef.or.kr/event/2022ukraine/?trackcode=22ukraine_hb_2

3) 마음으로 소원하기: '남과 북의 평화'

국가와 국가, 민족과 민족의 평화라는 주제를 함께 생각해본 만큼

이제 잠시 남과 북의 평화로도 눈을 돌려봅니다. 6.25전쟁 이래 남과 북의 관계는 현재 어떤 상태일까요?

혹시 정전(停戰), 휴전(休戰), 종전(終戰)의 정확한 의미와 차이를 알고 계시나요?

접속 2023. 3. 2.
KTV : 정전 · 휴전 · 종전의 차이점?
(3분 49초)
https://www.korea.kr/news/policyNewsView.d
o?newsId=148854116

www.ktv.go.kr

남과 북은 현재 휴전 상태입니다. 언제든지 전쟁 상태로 돌아갈 수 있다는 뜻입니다. 따라서 한반도에 종전 선언이 이루어진다면 1953 년에 체결된 정전협정 이후 근 70여 년 만에 전쟁이 종식되는 셈입니다. 물론 이것으로 이 땅에 평화를 이루기 위한 과정이 다 끝나는 것은

아닙니다. 종전 선언과 함께 평화협정이 체결되어야 하는 이유가 여기에
있습니다.

● 정전협정에서 종전 선언과 평화협정으로 나아가는 길에 작은
힘을 보태보면 어떨까요?

한반도 평화선언(Korea Peace Appeal) 전 세계 1억 명 서명운동에 동참하기 [접속 2023. 3. 2. 한반도 종전 평화 캠페인 Peace Campaign to End the Korean War]	

오늘날 우리는 70여 년이 넘은 남과 북의 분단 상황이 남북 갈등뿐만
아니라 이에 따른 남남갈등도 가져오게 되었다는 사실을 경험하고
있습니다. 평화의 자리를 만들어가는 일을 혹시 너무 거창하게 생각하고
있는 것은 아닐까요? 인간이 존엄하고 평등한 존재라는 사실과 서로
다름을 인정하고 존중해주는 것이 절대적으로 중요하다는 사실을 인식
하고 기억할 때, 그리고 이를 소통과 공감으로 드러낼 때 평화는 개인과
개인 사이, 공동체와 공동체 사이를 넘어, 국가와 국가, 민족과 민족
사이에서도 시작될 수 있을 것입니다. **평화는 일순간에 이루어지는
것은 아닙니다. 일상의 삶 가운데 우리는 계속해서 평화를 연습하고
실천해야 합니다.**

남북한의 평화

우리는 선(線)을 넘어 만나야 합니다

1. 마음 열기: 분단선이 주는 아픔

1) 영상보기

다음 두 영상은 한국전쟁(1950~1953)으로 인해 헤어졌던 이산가족들이 만나는 영상입니다. 하나는 지난 2018년 8월 금강산호텔에서 열린 제21차 남북 이산가족 단체상봉 행사에서 있었던 영상입니다. 또 하나는 KBS가 1983년에 한국전쟁 33주년과 휴전협정 30주년을 기념하여 제작한 특별 프로그램 <이산가족을 찾습니다>의 일부를 남한에 있는 외국 출신의 청년들이 시청하고 소감을 나누는 영상입니다.

접속 2023. 3. 2.
https://www.youtube.com/watch?v=mSyEA8MdjQU

접속 2023. 3. 2.
https://www.youtube.com/watch?v=39sd5FJDL94

전북일보 2019. 9. 11
http://www.jjan.kr/2060711

경향신문 2021. 12. 09
https://m.khan.co.kr/politics/defense
-diplomacy/article/202112091602001
/amp

2) 생각 나누기

① 두 영상 속 이산가족 상봉 장면과 외국인 청년들의 반응을 본 느낌을 말해 봅니다.

② 한반도가 정전 상황이며, 분단된 상태임을 언제 느꼈는지 이야기해 봅니다.

③ 남북한이 한 민족이라는 것을 느꼈던 때와 과거에 남북한이 교류하고 협력했던 모습을 기억나는 대로 말해 봅니다.

2. 생각 쌓기: 분단선 너머를 바라보며

1) 다음은 분단선을 넘어 재통일한 역사가 있는 예멘, 독일, 베트남의 사례를 비교, 분석한 내용을 간단히 정리한 표입니다. 다음의 표를 살펴본 후에 남북한의 평화와 통일을 위해 우리가 참고할 수 있는 내용을 찾아보고 이야기해 봅니다.

분단국 통일 분석[1]

구분	베트남	독일	예멘
분단 기간 및 통일	1955년~1975년(21년)/ 1975년	1945년~1989년(45년)/ 1990년	1967년~1990년(34년)/ 1994년

---

1) 전기성, "분단국의 통일 사례가 한반도에 주는 시사점(석사학위논문)," 대진대학교 통일대학원(2018), p.1.

양국 관계	적대적 대립 관계	대립과 협력 혼재	적대와 협력의 반복
교류와 협력관계	실행되지 않음	원활함	인적교류, 간헐적 협력
체제간 이질성	매우 큼	매우 큼	약함
체제간 경제적 차이	거의 없음	매우 큼	약간 존재
통일 방식	무력 통일	평화적 흡수 통일	정치적 합의 통일
통일 이후의 체제	공산주의	자본주의	이슬람 공화국
통일 후 발생한 문제점	전후 재건, 경제 침체	통일 비용, 사회적 갈등	전후 재건, 사회 혼란
통일에 대한 시사점	• 무력통일로 인한 사회 통합의 한계 • 공산주의 체제로의 통일로 인한 경제 침체 • 민심 이탈, 민족결속력 와해	• 교류협력의 중요성 • 통일 비용 • 사회적 내적 통합의 중요성 • 일자리창출 및 양극화 현상 대처 방안 모색	• 국민의 합의가 부재한 정치적 통일의 한계성 • 사회적 혼란과 분열(약 4년) • 재통합을 위한 비용 증가(무력에 의한 재통합)

2) 다음 영상은 KBS에서 제작한 "북핵 위기 기로에 선 한반도"의 일부입니다. 북한의 가상 핵 공격이 남한에 어느 정도의 위협이 될지를 단편적으로 보여주는 영상입니다. 만약 한반도에서 '제2의 한국전쟁'이 발발한다면 남북한 주민의 삶은 어떻게 될지 이야기해 봅니다.

접속 2023. 3. 2. https://www.youtube.com/watch?v=st4ZrPbVwCs	

3. 생각에 날개 달기: 선(線) 너머 손 내밀기

3과에서 살펴본 것처럼 한반도의 남북한은 휴전선을 경계로 대치 중인 휴전상황입니다. 이런 적대적 긴장 관계는 남북한 모두를 위태롭게 합니다. 그렇다면 남북한은 어떻게 이 삼엄한 경계선을 넘어 상호 협력하여 평화를 모색하고, 나아가 통일의 기회를 도모할 수 있을까요?

다음은 평화적으로 분단선을 넘어 재통일의 역사적 교훈을 보여준 독일의 노력을 정리한 내용입니다. 이와 함께 남북한의 과거와 현재의 모습을 비교하면서 '한반도(북한어: 조선반도)식 평화와 통일'을 위해 정부 차원과 민간 차원에서 함께 고민해야 할 내용을 찾아봅니다.

1) 정부 차원의 노력

독일은 2차 세계대전 패전 후 1949년에 '독일연방공화국(서독)'과 '독일민주공화국(동독)'으로 분단되어 정부를 수립하였습니다. 서독 정부는 1955년 주권을 회복하면서부터 오직 서독이 전 독일 민족을 대표하는 유일한 주체라고 주장하며 동독에 적대적 입장을 취했습니다. '할슈타인원칙(Hallstein Doctrine)'은 당시 서독의 기본 외교정책으로 "동독을 승인하는 국가(승전국인 구소련 제외)와는 외교 관계를 수립하지 않는다"라는 기본원칙이었습니다. 서독의 이런 노력은 일부 효과가 있었지만, 결과적으로 스스로 외교적 고립을 자초하는 결과를 낳았습니다. 동독 또한 서독과 대립각을 세우며 체제경쟁에 나섰지만 역부족이었습니다.

1969년 집권한 빌리 브란트 서독 수상은 '할슈타인원칙'을 포기하고 '신동방정책(die neue Ostpolitik)'을 추진합니다. 서독은 이 외교정책의 '접근을 통한 변화(Wandel durch Annahrung)' 원칙에 따라 동독 및 동유럽 국가들과의 화해 협력을 통한 관계 개선을 적극적으로 추진했습니다. 이것은 주변국들이 독일을 더는 두려워할 필요가 없다는 메시지였으며, 이렇게 달성된 국제적 신뢰는 이후에 독일 재통일에 대한 연합국의 승인을 끌어내는 기초가 되었습니다.

서독이 동독 및 동유럽 국가들과 '화해와 협력'의 길을 추구했던 것은 이전의 '대립과 경쟁'이 답이 될 수 없다는 것을 깨달을 때 시작됐습니다. '분열과 갈등'을 추구했던 '마음의 분단선'을 넘을 때 일어났습니다. 이전에는 서로가 협력의 대상이 아니라, 두려움의 대상이었기에 상대보다 단연 앞서야 했습니다. 그러나 그 '마음의 분단선'을 넘어서자 2차 세계대전 속에서 독일 때문에 고통당했던 이들을 향한 사죄의 자세가 나타납니다. 유럽과 세계의 평화를 위협했던 전범국이자, 패전국인 서독이 체제의 분단선을 넘어 머리를 숙이고, 무릎을 꿇었습니다. 그러자 구소련과 동유럽 국가들이 서독의 변화를 받아 주고 인정하게 되었습니다.

1970년, 폴란드 바르샤바 유대인 게토의 저항 투사 묘지 앞에서 무릎 꿇은 빌리 브란트 수상   동서독 분단의 상징이었던 베를린 장벽

이런 태도의 변화 가운데 1972년 동서독 양국은 교류와 협력의 본격적인 길을 열게 되는 「기본조약(Grundlagenvertrag)」[2]을 체결하였습니다. 다음은 조약의 10개 조항 중 5개 조항입니다. 함께 살펴보도록 합니다.

제1조. 독일연방공화국과 독일민주공화국은 동등한 권리의 토대 위에서 정상적인 우호 관계를 발전시킨다.

제4조. 독일연방공화국과 독일민주공화국은 어느 한쪽이 상대방을 국제사회에서 대신하거나 대표할 수 없음에 동의한다.

제5조. 독일연방공화국과 독일민주공화국은 유럽 국가들끼리의 평화적 관계 발전을 촉진하며 유럽의 안보 및 협력에 기여한다. 쌍방은 세계의 안보에 기여하는 군비 제한과 군비 축소의 노력, 특히 핵무기와 기타 대량살상무기 분야의 군비 축소 노력을 지지한다.

제6조. 독일연방공화국과 독일민주공화국은 각자의 권력이 각자의 영토 내에서만 행사될 수 있다는 원칙을 고수한다. 쌍방은 국내 및 대외 문제에 있어서 상대방의 독립과 자주성을 존중한다.

제7조. 독일연방공화국과 독일민주공화국은 관계 정상화 과정에서 현실적이고 인도적인 문제들을 타결할 용의가 있음을 천명한다. 양국은 이 조약의 원칙에 입각하여 상호 이익을 도모하기 위하여 경제, 학술, 기술, 무역, 사법, 우편, 전화, 보건, 문화, 스포츠, 환경보호 등등의 분야에서의 교류 협력을 촉진, 발전시키는 협정을 체결하기로 한다. 이에 대한 세부 사항은 추가 의정서에서 정한다.

---

2) 동서독기본조약: 접속 2023. 3. 2.
   https://terms.naver.com/entry.naver?docId=3577520&cid=59016&categoryId=59024

신동방정책이 가동되면서부터 동서독 간의 교류 협력이 활발하게 이루어졌습니다. 동서독의 대외무역 거래액은 1955년에 비해 1987년에 12배 증가했고, 서독은 구소련에 이어 동독의 두 번째 큰 교역 상대국이 되었습니다. 반면 서독은 동독과의 교역이 경제적으로 의미가 크지 않았으나 경제적 이유보다 민족적 유대감 유지 및 적대감 완화, 동독 주민들의 호감 유발 등 정치적인 측면에 큰 의미를 두었습니다. 당시 서독에서는 이런 명분으로 국내적인 설득이 이루어졌습니다. 서독 정부는 물적 교류뿐만 아니라, 위의 「기본조약」의 제7조에 언급된 것처럼 분야별 인적 교류가 활발하게 진행되도록 정책적으로 지원했습니다.

'마음의 분단선'을 넘는 일은 '실제적인 분단선'을 넘는 일로 연결됩니다.

서독의 '신동방정책'은 주변국들만이 아니라, 가장 가까운 동족 국가인 동독의 분단선을 넘을 수 있게 했습니다. '마음의 분단선'을 넘으면 '접근을 통한 변화'의 자세로 전환됩니다. 정치 체제는 여전히 다르고, 국경선은 변함이 없었습니다. 하지만 '너'와 '나'를 가르던 '마음의 분단선'을 넘으니 '대립'하던 관계는 '대화'하는 관계로, '경쟁'하던 관계는 '격려'하는 관계로 변합니다. 그러자 새로운 경험과 더 많은 기회가 열렸습니다.

남북한의 경우는 어땠을까요? 1948년, 미국과 구소련의 국제적 대결 구도 가운데 남북한은 각각 정부를 수립하였습니다. 남한의 체제가 정비되기도 전에 한국전쟁(1950~1953)이 있었고, 양국은 깊은 갈등

가운데 대치하게 되었습니다.

　남한은 이후 지속적 경제성장을 이루어 70년대에는 1인당 국민소득이 북한을 추월하였으며, 이를 바탕으로 1988년에는 서울올림픽을 성공적으로 개최했고, 구소련(1990) 및 중국(1992)과 수교하는 등 '북방외교'의 성과를 거두었습니다. 또한 남북한 동시 유엔(UN)가입(1991)과 '남북기본합의서(1992)' 작성에 주도적인 역할을 하였습니다. 하지만 이것이 정작 남북한 관계 개선과 한반도의 평화를 이루게 하지는 못했습니다. 오히려 북한은 1980년대 후반부터 시작된 구소련을 비롯한 공산권 국가들의 몰락과 함께 찾아온 깊은 고립 상태와 1990년대 '고난의 행군'으로 대변되는 경제난 가운데 체제 유지를 위한 핵 개발과 위기조성전략(crisis diplomacy)에 몰두하여 한반도와 동북아 및 북미 관계를 대립과 긴장 상태로 만들었습니다.

　남북한도 동서독의 「기본조약」과 유사한 '남북 사이의 화해와 불가침 및 교류·협력에 관한 합의서(약칭 '남북기본합의서', 1992)'[3]가 있습니다. 하지만 지금까지 제대로 실행되지 못하고 있습니다. 그 이전의 7.4 남북공동성명(1972)도 마찬가지입니다. 왜 그런 것일까요?

　아래에 '남북기본합의서'의 주요 내용 몇 가지를 실었습니다. 앞의 동서독 「기본조약」과 서로 비교하며 각각의 문서에서, 또 양 문서에서 중복되는 단어에 별도의 표시를 해봅니다.

---

3) 민족화해협력범국민협의회 남북관계자료. 접속 2023. 3. 2.
　(https://www.kcrc.or.kr/07/05/Default.asp?str_value=View&int_idx=6838)

남과 북은… 7.4 남북공동성명에서 천명된 조국통일 3대 원칙을 재확인하고, …민족적 화해를 이룩하고, …긴장완화와 평화를 보장하며, 다각적인 교류. 협력을 실현하여… 평화통일을 성취하기 위한 공동의 노력을 경주할 것을 다짐하면서 다음과 같이 합의하였다.

제1장 남북화해

제1조. 남과 북은 서로 상대방의 체제를 인정하고 존중한다.

제6조. 남과 북은 국제무대에서 대결과 경쟁을 중지하고 서로 협력하며 민족의 존엄과 이익을 위하여 공동으로 노력한다.

제2장 남북불가침

제9조. 남과 북은 상대방에 대하여 무력을 사용하지 않으며 상대방을 무력으로 침략하지 아니한다.

제3장 남북교류·협력

제15조. 남과 북은 민족경제의 통일적이며 균형적인 발전과 민족 전체의 복리 향상을 도모하기 위하여 자원의 공동개발, 민족 내부 교류로서의 물자교류, 합작투자 등 경제교류와 협력을 실시한다.

제16조. 남과 북은 과학. 기술, 교육, 문학. 예술, 보건, 체육, 환경과 신문, 라디오, 텔레비전 및 출판물을 비롯한 출판, 보도 등 여러 분야에서 교류와 협력을 실시한다.

제17조. 남과 북은 민족 구성원들의 자유로운 왕래와 접촉을 실현한다.

제19조. 남과 북은 끊어진 철도와 도로를 연결하고 해로, 항로를 개설한다.…

동서독과 남북한의 양 문서는 상대방에 대한 존중, 화해와 평화 그리고 교류 협력 등의 비슷한 내용을 담고 있습니다. 자세히 살필수록 남북한 합의문의 문서상 문제는 없다는 생각이 듭니다. 그렇다면 무엇이 문제일까요? 무엇이 남북한이 얼굴을 맞대고 약속하고도 지키지 못하도록 했을까요? 그것은 외면적인 것이 아닌 내면적인 문제일 것입니다. 눈에 보이지 않지만 실재하는 남북한 사이의 '마음의 분단선'을 넘는 일이 문제였던 것입니다.

남북한의 분단은 동서독의 분단과는 다른 큰 '상처'가 있습니다. 그것은 남북한이 동족 간에 서로를 죽이는 '피'를 보는 전쟁을 치렀다는 데 있습니다. 휴전 이후, 동서 냉전의 시기와 그 이후에도 '제1, 2 연평해전'(1999.6.15., 2002.6.29.), '천안함 피격 사건'(2010.3.26.), '연평도 포격 사건'(2010.11.23.) 등등과 같은 크고 작은 사건들이 있었습니다. 그때마다 이 깊은 동족상잔의 '트라우마(trauma)'는 남북한 관계에서 일종의 '방어기제(defense mechanism)'로 작동했습니다. 더 나아가 남북관계만이 아니라, 남남갈등의 상황 가운데서도 작동되었습니다. 이것은 우리가 아직 넘지 못한 '마음의 분단선'이 남아 있음을 여실히 보여줍니다.

하지만 그럼에도 불구하고 '마음의 분단선'을 넘는 일이 실제적인 분단선을 넘는 일로 연결된다는 역사적 교훈을 되새기며 남북한은 포기하지 않고 '마음의 분단선'을 넘는 시도를 꾸준히 진행해 왔습니다.

2) 민간 차원의 노력

아래 칸에는 그동안 남북한 사이에 있었던 교류 협력의 주요 내용을

통계화해 정리한 물음과 답입니다. 빈칸에 맞는 내용의 기호를 보기에서 찾아 써봅니다.4)

남과 북의 총교역액	남북단일팀이 국제대회에서 첫 금메달을 딴 해	
남북한을 왕래한 총인원	개성공단의 총생산액	
이산가족 상봉 신청한 총인원	당국 차원에서 상봉한 이산가족 총인원	
금강산 지역 누적 관광객 수	북한 관광을 시행했던 총기간	

- 보기 ㄱ. 32억달러   ㄴ. 24,509명   ㄷ. 11년   ㄹ. 1,479,858명
        ㅁ. 1,934,662명   ㅂ. 133,382명   ㅅ. 248억달러   ㅇ. 2018년

　　　　남북한 사이에도 과거 희망을 주던 사건들이 있었습니다. 남북정상회담(2000, 2007, 2018년-3회, 총 5회)은 거국적 차원에서 희망의 메시지였고, 상당 기간 남북관계에 훈풍이 불게 했습니다. 하지만 크고 작은 사건들이 생길 때마다 남북 간의 교류 협력은 큰 위기를 맞았습니다. 아래의 두 그래프는 남북한의 교역량과 민간교류의 양적 변화(1990년~2020년)를 볼 수 있는 표입니다. 함께 살펴봅니다.

---

4) 남북정상회담: https://www.koreasummit.kr/KoreanPeninsula/Num
　접속 2023. 3. 2.

남북한 교역량의 변화 5)

| 반입 | 반출 | 반출입 |

남북한 민간지원(남에서 북)의 양적 변화 6)

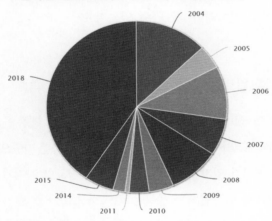

---

5) 남북교류협력시스템 남북교역통계안내 연도/월별통계(설정:1990~2022년/전체)
　https://www.tongtong.go.kr/unikoreaWeb/ui/pblc/guidance/dta/popup/AT
　HDWTradeDwYmP.do 접속 2023. 3. 2.

6) 남북교류협력시스템 남북교역통계안내 거래유형별통계 (설정:1990년~2022년/
　비상업적거래/대북지원/민간지원)
　https://www.tongtong.go.kr/unikoreaWeb/ui/pblc/guidance/dta/popup/AT
　HDWTradeDwDelngTyP.do 접속 2023. 3. 2.

위의 그래프를 통해 남한의 대북 민간 지원은 집권 세력의 정치적 성향에 따라 그 흐름이 함께 변하고 있음을 볼 수 있습니다. 그나마 꾸준히 증가추세에 있던 남북한 교역량도 개성공단이 가동중단 사태를 맞으며 급감하였습니다. 2022년 초 현재, 북한의 핵무기 개발과 국제사회의 대북 경제제재 기조 그리고 코로나19로 인한 국제적 팬데믹 상황에 따른 북한의 국경봉쇄에 묶여 남북의 교류는 매우 위축되어 거의 중단 상태에 있습니다. 앞으로 남북한의 교류 협력이 국제사회의 변화, 남북 정상회담과 당국의 대규모 정책적 지원 등에만 의지한다면 이런 상황들이 계속 반복될 수밖에 없어 보입니다.

그렇다면 우리는 어디에서 남북한 화해와 평화를 위한 교류 협력을 이어갈 실마리를 찾을 수 있을까요?

3) 교류 협력을 통한 민족 화해

우리는 그 실마리를 평화적 통일을 이룬 독일 재통일의 역사적 교훈에서 찾아보고자 합니다. 물론 민주적 합의 절차를 따랐으나 흡수식 통일이라는 평가가 있지만, 교류 협력 면에서 참고할 가치가 충분합니다. 서독 정부와 민간단체는 동독을 지속적으로 도왔습니다. 정권이 바뀌는 매우 큰 상황적 변화 가운데서도, 동서독은 정권을 초월하여 교류 협력관계를 유지했습니다. 물론 어려움이 없지는 않았으나 다수의 국민도 그것을 지지했고, 자발적으로 민간교류 협력에 힘썼습니다. 아래 표는 독일연방하원 조사위원회가 서독의 대동독 지원을 파악한 통계를 요약한 표입니다.

지원구분		지원액 소계	총액
정부 차원	서독정부→동독정부	178억	296억5천만
	서독정부→동독주민	25억	
	차관지불보증	19억5천	
	교역지원	74억	1044억5천만 (마르크)
민간 차원	서독주민→동독주민	626억	748억
	서독주민→동독정부	66억	
	서독교회→동독교회	56억	

서독 정부 및 민간 차원의 동독 지원 [7]

이 표에 의하면 서독은 1973년부터 1990년까지 18년간 총 1천44억 5천만 마르크(약 5백억 달러로 한화 약 62조4천억 원)를 동독에 지원했습니다. 그런데 놀랍게도 이 전체 지원 중에서 정부 차원은 28퍼센트였고, 나머지 72퍼센트는 민간 차원에서 이루어진 것이었습니다. 물론 이 민간 차원 지원의 적지 않은 부분을 정부가 지원했습니다. 하지만, 민간 차원의 협조와 참여가 없었다면 이루어질 수 없었습니다. 이러한 민간교류는 학계, 문화, 방송·언론, 종교·교회 등에 이르기까지 매우 다양한 분야에서 자발적으로 이루어졌습니다.

중앙정부가 정책을 통해 '화해와 교류 협력'을 지원하는 것도 중요합니다. 하지만 그 어떤 정부의 정책도 그에 응하는 민간 차원의 협조가

---

7) 김영윤, "동서독 교류·협력과 대동독 대가지급," 통일정책연구(2018), 10(2), p. 290 재인용.
이광빈, https://www.yna.co.kr/view/AKR20181116020700082, 2018.11.18. 접속 2023. 3. 2.

없으면 유명무실하게 됩니다. 그런 면에서 동서독의 민간교류는 정부의 정책과 국민의 협조가 상응하여 지속적으로 추진된 바람직한 모습을 보여줍니다. 이런 지속적 지원은 생각 밖의 결과를 낳기도 합니다. 서독교회가 동독교회에 보낸 민간 차원의 지원은 동독 당국의 감시와 통제 속에서도 동독교회가 독립성을 유지할 수 있게 했고, 그러한 교회를 발판으로 동독에서 민주화 운동이 일어날 수 있었습니다.

지금 우리 남북한이 처한 상황 가운데서 동서독의 교류 협력의 모습을 통해 배울 수 있는 교훈이 바로 여기에 있지 않을까요? 하나는 정권이나 정세가 바뀌어도 교류 협력을 이어가는 '지속성'입니다. 또 하나는 그에 대한 참여와 방법을 찾는데 필요한 '자발성'입니다. 독일 재통일은 서독이 국제적인 관계 개선과 동서독 간의 교류 협력에 민관이 '지속성'과 '자발성'의 태도를 견지한 결과입니다. 그리고 통일 이후에도 전쟁과 희생자에 대한 진심 어린 계속되는 사죄의 모습은 '부끄러운 독일'을 넘어, '부러운 독일'의 역사로 기록되고 있습니다.

교류 협력은 단순히 선(線)을 넘어 재화를 상호 이동하는 것만이 아니라, 인적, 물적, 문화적 차원의 교감과 소통도 동시에 이루어지게 합니다. 따라서 남북한의 교류 협력은 국내외의 어떤 환경에도 결코 멈추어서는 안 될 영역입니다. 수적천석(水滴穿石)이라는 사자성어와 "A falling drop at last will cave a stone."의 격언은 물 한 방울의 힘이 아니라, 지속성이 주는 힘을 강조합니다. 2022년 초 현재 정부 차원의 남북한 교류 협력은 매우 경색되어 있습니다. 하지만, 우리는 정부 차원의 길이 막혔더라도 포기하지 말고, 민간 차원에서 길을 찾아내고 이어가야 합니다. '이곳'이 막혀있으면 '저곳'으로, '지금'이 막혀있으면, '내일'을 위한 준비라도 해야 합니다. 우리가 하지 않으면 누가 대신하겠습니까? 마음의 선을 넘는 일은 하루아침에 이루어지지 않습니다.

새로운 역사는 한반도에서도 이루어져야 합니다.

강대국의 틈새에 끼여 우리 남북한은 분단의 '역사적 상처'를 함께 받았습니다. 같은 땅, 같은 역사, 같은 문화유산을 공유하던 하나의 민족이기에 '같은 상처'가 있습니다. 또한 반만년의 빛나는 역사 속에 '같은 영광'을 누리기도 했습니다. 우리의 유산 중에는 세계적 문화강국의 대표적 콘텐츠인 '한글'이 있습니다. 또 오래전부터 세계 최고의 효능을 인정받았던 '고려인삼', 현존 최고의 금속활자본을 만들어낸 '고려'의 기술력 등 우리 남북한이 반만년의 역사 속에서 여전히 공유하고 있는 수많은 유산이 있습니다.

분단 70여 년이 결코 짧은 시간은 아닐 것입니다. 현재에 가까운 그 시간이 우리 남북한 관계를 흔들 수는 있습니다. 하지만 깊이 내려진 역사적 뿌리를 결코 뽑을 수는 없습니다. 남북한은 긴 역사 속에서 '같은 유산'을 '공유'하며 함께 자부심을 느끼고, 또 '같은 상처'에 '공분(公憤)'하며 서로 교감했습니다. 앞서 본 영상에서처럼 헤어진 지 오래인 이산가족이 몇십 년 만에 다시 만났어도 금방 부둥켜안고 얼굴을 부비며 감격과 안타까움의 눈물을 흘리는 이유가 무엇일까요? 한 핏줄이기 때문입니다. 이러한 민족적 정체성을 남북 모두 함께 잃지 말아야 합니다. 오히려 민족적 정체성은 남북 교류 협력의 가장 든든한 기초요,

버팀목이 되어야 합니다.

또한 남북한의 교류 협력은 명분을 넘어서 실제적인 차원에서 이뤄져야 합니다. 남북한의 평화와 안정을 바탕으로 북한이 안전한 투자처로 세계에 인식되면 세계의 자본가들은 앞다투어 북한에 투자할 것입니다. 이때 가장 많이 활용될 자원은 남한의 물적, 인적 자본이 될 것입니다. 남한은 지리적으로, 정서적으로 가장 가까운 관계이며, 한 언어를 사용하는 같은 민족으로 경제 발전의 경험과 발달된 기술, 자본 등을 갖춘 세계 10위권의 경제 대국입니다. 남한은 민족적 유대로서 북한의 개방과 발전을 도울 수 있는 최상의 파트너가 될 것입니다.

북한은 매장된 막대한 지하자원("북한 광물자원 가치 3,800조…남한 15배"[8]), 마그네사이트-60억 톤/세계 2위, 무연탄-45억 톤, 금-2천 톤, 희토류-2천만 톤 등)[9]만 아니라, 매력적인 관광자원(60만 명 고용 유발 효과[10])의 소재가 가득합니다. 이 개발에 남북한의 청년들이 함께 머리를 맞대는 꿈을 꿉니다. 공항을 하나 새로 지어도 남한만의 입지 조건에 따라 결정할 것이 아니라, 통일 전후를 바라보며 한반도 전체와 주변 세계를 아우를 수 있는 가장 미래지향적인 지역을 선정하는

---

8) 연합뉴스, 2018.10.11., https://www.yna.co.kr/view/MYH20181011016000038: 접속 2023. 3. 2.

9) 북한지하자원넷: https://irenk.net/?menuno=69 접속 2023. 3. 2.
   BBC뉴스코리아, 2019.1.17., https://www.bbc.com/korean/news-46904045 접속 2023. 3. 2.

10) 조선일보, "[통일이 미래다] 中·日·러 연결된 관광 허브로… 중국인 관광객만 1300만명 몰릴 것", 2014.1.14.
    https://www.chosun.com/site/data/html_dir/2014/01/14/2014011400232.html 접속 2023. 3. 2.

'한반도 공동체 구상'이 필요합니다.

때가 되면 서울에서 기차 타고 평양과 신의주 등을 거쳐 중국, 러시아를 거쳐 유럽과 아프리카를 내달리며 남북 동반성장과 세계평화를 위해 힘 쏟는 우리 백의민족(白衣民族), 한민족을 그려보는 '한민족 웅비론', 이것이 우리가 후손들에게 물려줄 진정한 유산이 될 것입니다. 한반도가 온전히 회복되는 통일이 아니어도 그 이전에 남북이 원활한 교역과 왕래가 가능해지면, 남북한 모두 불필요한 분단비용을 평화비용으로 전환해 '동반성장과 상생의 길'을 넉넉하게 열어나갈 수 있게 될 것입니다. 이것이 우리가 바라는 남북 교류 협력에 거는 기대요, 꿈이요, 희망입니다.

그런데 여기에는 우리가 기억해야 할 몇 가지 중요한 원칙과 방향이 있습니다.

남북한 교류 협력의 궁극적인 목적은 민족 화해와 평화통일을 이루는 데 있습니다.

남북한 교류 협력은 다음과 같은 3가지 원칙에 의해 진행되어야 합니다. 어느 한쪽이 일방적인 호혜를 베풀거나 희생을 강요해서는 안됩니다(상호주의). 상호의존적 관계를 바탕으로 쌍방 모두에게 이익이 되는 방향으로 진행되어야 합니다. 또 어느 한쪽의 주장에 치우치거나 무시되어서도 안 됩니다(평형주의). 그리고 무엇보다 인간의 합리성에 기초하여 권력, 군사, 정치 체제에 관한 문제와 복지, 경제협력,

기술발전 등의 문제를 분리하되 이념적 갈등이나 대립이 적은 분야부터, 상호 협력 가능한 분야부터 확장해 나가야 합니다(기능주의). 이 세 원칙이 잘 반영되어 비교적 장기간(2007년~2018년, 총 8차)에 걸쳐 민간 차원의 교류 협력이 이루어진 예로 "개성 고려궁성 남북공동조사"를 들 수 있습니다. 이 사업은 남북한 당국의 지원 아래 남북 역사학자들을 중심으로 "남북공동발굴조사단"을 구성하여 꾸준히 진행되었습니다.[11]

이같이 교류 협력의 원칙을 따르며 남북한은 화해와 평화 그리고 재통일의 새 역사를 함께 이루어갈 수 있습니다. 역사의 격동기에 우리는 시대적 흐름을 놓치고 실력을 키우지 못해 선택의 여지 없이 평화를 잃었습니다. 하지만 이제 남북한은 강대국의 선택에만 '의존하는 평화'가 아니라, 기준을 세우고 '주도하는 평화', 주변국과 '협력하는 평화'를 이루어나갈 수 있습니다. 우리는 고속도로와 같이 큰 길이 막혀있을 때, 막혀있다고 뚫릴 때까지 그냥 멈춰 있지 않고 고속도로를 빠져나와 국도를 이용해 목적지로 이동합니다. 남북한의 교류 협력도 이와 같아야 합니다. 정부가 주도하는 큰 길이 막히더라도 민간 부문을 통한 교류 협력은 계속 이어져야 합니다. 서독이 동독과의 관계를 '특수관계'로 주변국에 이해시켰던 것처럼, 우리 남북한도 그리해야 합니다. '한반도(조선반도)식 평화와 통일'은 남북한 당국과 민간이 협업하고 동참하여 함께 이끌어가야 합니다. 이렇게 남북한은 가장 가까운 이웃이자, 같은 민족으로서 중단 없이 지속되는 교류 협력을

---

11) 국립문화재연구원 문화유산 연구지식포털: 접속 2023. 3. 2.
  https://portal.nrich.go.kr/kor/originalUsrView.do?menuIdx=66&info_idx=86
  59&bunya_cd=412

통해 '민족 화해와 세계평화'를 위한 위대한 동반성장의 역사를 멈춤없이 계속 이어가야 합니다. 이를 위해 우리는 평화를 연습하고 실천해야 합니다.

아래의 기사 내용은 남북 교류 협력이 경색된 상황 중에도 새로운 시도로 평화를 도모하기 위해 다양하게 노력하고 있는 여러 민간단체의 모습과 과제 등을 보여줍니다. 이 단체들 가운데 좀 더 관심이 가는 한 곳에 접속하여 잠시 살펴본 후 그들의 노력에 대한 느낌이나 생각을 나눠봅니다.

① 유엔, '평양심장병원' 건설 위한 한국 민간단체 대북지원 제재 면제 승인[12]

② 유엔, 미 샘복지재단 대북제재 면제 1년 재연장[13]

③ 통일보건의료학회, 추계학술대회 개최: 생명을 살리는 소통 '남북 보건의료 용어 통일을 위한 준비'[14]

④ "한반도, 기후변화에 취약… 남북협력 대응 중요"[15]

---

12) VOA 뉴스, 2021.11.5., https://www.voakorea.com/a/6301934.html 접속 2023. 3. 2.

13) SBS 뉴스, 2021.8.14., 접속 2023. 3. 2.
https://news.sbs.co.kr/news/endPage.do?news_id=N1006429436

14) EMD, 2019.12.2., 접속 2023. 3. 2.
http://mdon.co.kr/news/article.html?no=24522

15) 한겨레신문, 2019.11.11., 접속 2023. 3.
2.https://www.hani.co.kr/arti/science/science_general/916510.html

⑤ 남남갈등 해결과 남북이해를 돕는 민간단체의 역할: 평화드림아카데미, 통일교육교재 등16)

| ① | ② | ③ | ④ | ⑤ |

4. 삶에 접속하기: 오늘, 선(線) 너머 손잡기

동서독의 교류 협력, 그리고 재통일의 역사적 교훈을 통해서 살펴보았듯 평화는 혼자서 완수할 수 없습니다. 서로 다른 상대국과 그 주변국, 각 당국과 단체 그리고 전 세대의 구성원 한 사람 한 사람의 손길이 필요합니다. 그리고 그렇게 만들어진 평화는 그 모두가 함께 누립니다. 남북한의 평화도 그렇습니다. '일부'가 아닌 '전부'의 손길이 더해져야 합니다. 나의 손길이 어떻게 더해질 수 있을지 아래 나눔을 통해 평화를 연습하고 실천해 봅니다.

'마음의 분단선'을 넘어 오늘부터 실천가능한 내용을 찾아 적용해 봅니다.

1) 남북한이 마음의 분단선을 넘어서는데 해결해야 할 큰 장애물들을 아래 ①번 칸에 생각나는 대로 적어 봅니다.

---

16) 평화드림포럼, 접속 2023. 3. 2. http://www.peacedream.org/

2) ①번 칸에 적은 내용 중에서 한두 가지를 골라 ②번 칸에는 그 장애물을 해결할 수 있는 구체적인 방법을 생각나는 대로 모두 적어 봅니다.

3) ②번 칸에 적은 방법들을 중에서 ③번 칸에는 많은 사람이 함께 참여해야 하는 것을 적고, ④번 칸에는 개인이 혼자라도 가능한 방법들을 적어 봅니다. 양쪽에 모두 해당하면 두 칸에 다 적습니다.

4) ④번 칸에 적은 내용 중 오늘부터 실천할 수 있는 것을 골라 표시해 봅니다.

5) 정리한 내용을 구성원들과 함께 나눠봅니다.

①

②

③	④

"평화는 일순간에 이루어지는 것은 아닙니다.
일상의 삶 가운데 우리는 계속해서 평화를 연습하고
실천해야 합니다."

자연과 인간의 평화로운 공존

자연과의 공존이 평화를 부릅니다

1. 마음열기—작은 연못

접속 2023. 3. 2.
https://youtu.b
e/W0LpbShfjrA

김민기의 '작은 연못' 노래를 감상한 후 편안하게 눈을 감아봅니다. 깊은 산 오솔길을 걸어 자그마한 연못에 도착했습니다. 그곳엔 예쁜 붕어 두 마리가 살고 있습니다. 그런데 어느 날 서로 싸우다가 그만, 한 마리가 죽고 말았습니다. 이내 물도 썩었고 남은 한 마리의 살도 썩어서 죽고 말았습니다. 그래서 지금은 아무것도 살고 있지 않습니다.

이제 깊은 산 작은 연못을 다시 떠올려 봅니다. 아무것도 살지 않는 연못이 아니라 그 옛날 연못, 그곳을 찾아오는 수많은 생명을 고요히 헤아려봅니다. 연못은 비록 작지만, 그들 모두에겐 소중한 선물입니다.

그 소중한 선물을 영영 잃어버리게 하는 싸움은 어떻게 해야 멈출 수 있을까요? 지금까지도 계속되고 있는 이 싸움을 멈추고 평화로 가는 길을 깊이 묵상하면서, 잠시 다음 동작을 마음을 실어 천천히 해봅니다(이끄는 분이 천천히 낭독해줍니다).

"가슴 위에 평화를 깨뜨리는 생각과 마음을 하나 올려놓습니다. 인간의 존엄성을 깨뜨리는 마음이 심장에서 나와서 내 팔을 타고 손끝으로 가고 있습니다. 손을 깍지 끼고 앞으로 밀다가 세차게 풀어버리면서 그 마음을 밖으로 던져버립니다. 이번에는 가슴 위에 공동체를 깨뜨리게 하는 마음과 생각 하나를 올려놓습니다. 심장에서 흘러나와

내 팔을 타고 손끝으로 가고 있습니다. 손을 깍지 끼고 앞으로 밀다가 세차게 풀어버리면서 그 마음을 밖으로 던져버립니다. 다시 이번에는 국가와 민족, 남북한의 평화를 깨고 있는 생각과 마음을 하나 떠올립니다. 그것이 무엇이든 내 심장으로 느끼며 내 팔과 손끝으로 흘러가게 합니다. 그리고 손을 깍지 끼고 앞으로 밀다가 세차게 풀면서 밖으로 던져 버립니다. 이제 여덟을 셀 때까지 천천히 숨을 크게 들이쉬어 봅니다. 더 이상의 내 필요를 넘어 탐하는 마음이 자리하지 않도록 새 숨을 심장까지 채워봅니다. 여덟을 셀 때까지 천천히 들이쉬어 봅니다. 하나, 둘, 셋, 넷, 다섯, 여섯, 일곱, 여덟! 여러분의 심장이 새로운 숨으로 채워졌습니다. 천천히 눈을 떠 주십시오."

주변(창밖)에 있는 자연을 바라봅니다(잠시 침묵). 우리와 늘 함께 하는 자연은 어딜 봐도 그 자체로 우리에겐 좋은 선물입니다. 우리 모두에게 주어진 소중한 선물입니다.

모두 알다시피 이 선물을 누릴 수 있는 기간이 얼마 남지 않았습니다. 기후 위기와 종의 멸종 때문인데, 위험으로부터 지키기 위해서는 2030년까지가 중요합니다. 지구가 회복력을 유지하려면 지구 온도 상승을 1.5도로 억제하는 것이 중요한데, 그를 위해서는 2030년까지 탄소배출을 50퍼센트 감축하는 것이 우선되어야 하기 때문입니다. 만약 2030년 가서도 많은 이들이 이 귀한 선물을 누리게 하려면 어떻게 해야 할까요? 받은 선물을 그들에게 전할 수 있느냐 없느냐는 우리에게 달렸습니다.

잠시 내 안의 마음을 들여다봅니다. 어떤 생각과 어떤 느낌, 어떤 이미지가 떠오르고 있을까요? 앞으로 몇 년 후 '2030년까지 우리에게

주어진 선물을 누리려면'이란 제목으로, 둘씩 번개 토론을 한 번 해볼까요? (한 사람이 1분씩)

2. 생각 쌓기—평화가 머무는 곳, 접경지역

현재 우리나라는 한반도에 서식하는 생물종의 현황을 파악하여 매년 국가생물종목록을 발표하고 있습니다. 북한지역 분류군별 생물종목록집도 발간되어 있습니다. 그런데 자연과 인간의 조화로운 공존 및 지속가능발전을 살피기에 가장 좋은 공간은 '생물권보전지역'입니다. 생물권보전지역의 중요 기능 중 하나는 생물다양성의 보전인데, 좌측에 있는 단어들을 연결하여 그 의미를 풀이해 봅니다.

보호   영성   휴양
안전   휴양   공기
음식   건강   연료
영감   행복   옷   공존
마음   평화
심신회복

생물권보전지역이 생물다양성을 보전한다는 것은,

_____

_____

_____이다.

우리나라는 언제 어떤 곳들을 생물권보전지역으로 지정하였을까요? 1982년 설악산이 최초로 지정되었습니다. 이후로 제주도, 신안 다도해, 광릉 숲, 고창, 순천에 이어, 2019년 강원생태평화 그리고

연천 임진강 생물권보전지역까지 차근차근 그 숫자가 늘고 있습니다.

특별히 비무장지대 인근 지역을 포함하는 '강원 생태평화'와 '연천 임진강'은 생물권보전지역을 통한 한반도의 지속 가능한 평화와 발전이라는 비전을 품은 터전으로 자리 잡아가고 있습니다. 생물 다양성 보전, 즉 자연보전은 물론 자연의 평화에도 기여하고 있는 것입니다. 유네스코가 접경지역의 생물권보전지역의 경우 두 개 이상의 국가가 공동으로 신청한 곳을 지정하기에, 지역의 **생물다양성**을 보전하면서 자연스럽게 국가 간 협력과 평화를 도모하고 있습니다. 현재까지 지정된 곳은 전 세계적으로 129개국 714곳입니다[1](2020년 말 기준).

이들 지역을 인간과 자연의 관점에서 새로이 바라보며 자신만의 개념으로 정리해 봅니다.

인간에게 '생물권 보전지역'이란 ＿＿＿＿＿＿＿＿＿＿＿이다.

왜냐하면 ＿＿＿＿＿＿＿＿＿＿＿＿＿＿＿＿이기 때문이다.

자연에게 '생물권 보전지역'이란 ＿＿＿＿＿＿＿＿＿＿＿이다.

왜냐하면 ＿＿＿＿＿＿＿＿＿＿＿＿＿＿＿＿이기 때문이다.

그런데 접경지역 생물권보전지역의 핵심구역인 비무장지대 (DMZ)는 전쟁의 흔적이 여전합니다. 대인지뢰를 밟아 발목을 절뚝거리는 동물들은 물론, 전쟁 피해자들이 있습니다. 우리 군인만이 아니라

---

1) 인간과 생물권프로그램(Man and the Biosphere Programme: MAB) 한국위원회 홈페이지 : http://unescomab.pms.or.kr/v2/main.html (접속 2023. 3. 2.)

접속 2023. 3. 2.
http://image.yes24.com/goods/86667099/XL

1만여 명의 미수습된 참전 군인들의 유해도 품고 있습니다.

그래도 그곳에는 사람의 손길이 별로 닿지 않아 수많은 동식물이 자유롭게 살아올 수 있었습니다. 군사 충돌을 방지하기 위해 한반도의 허리 휴전선으로부터 남과 북으로 각각 2km씩 어느 쪽도 군사시설 및 병력을 배치하지 않은 덕분입니다. DMZ는 남북 갈등의 상황 중에도 최상의 생태계 조건을 유지하고 있습니다.

이러한 상태를 잘 그리고 있는 그림책이 있습니다. 『기이한 DMZ 생태공원』(강현아 지음, 소동)입니다. 아직은 갈 수 없는 곳이니 그림책으로 살짝 들여다볼까요? 다음 큐알코드를 스캔하면, 책에 관한 이야기와 책 속에 등장하는 생물들의 진솔한 이야기를 들을 수 있습니다.

| 기이한 DMZ 생태공원' | 휴전선 등털 산양 | 탄피물고기 | 지뢰탐지 고사리 | 넋두리 할미꽃 |

어떤가요? 가보지 못한 곳, 아직은 갈 수 없는 곳 DMZ에 있을

생물들의 이야기에 공감이 되는지요? 그들이 어떤 상황에 있는지, 그들에게 필요한 것은 무엇인지 상상해보셔도 좋겠습니다. 만약 그들 생명과 평화로운 공존을 위해 만남의 기회가 주어진다면, 어떤 선물, 어떤 약속을 하실 수 있을까요? (잠깐 묵상)

남북 간의 긴장으로부터의 완전한 자유가 DMZ에 찾아드는 날은 올 것입니다. 언제쯤 올까요? 남북 간의 긴장이 완전히 풀리고, 남과 북에 평화가 찾아드는 날, 생명과 평화의 동산 DMZ에는 어떤 변화가 생겨날지 참 궁금합니다. 혹여 개발의 바람이 불어서 동식물들이 지금 누리고 있는 평화를 오히려 깨게 되지는 않을지 걱정도 됩니다. 그렇게 되지 않도록, 지금 잠시 침묵으로 기도해봅니다. (3분 침묵기도)

3. 생각에 날개 달기 : 서로에 대한 배려로 시작되는 공존

서로 해치거나 파괴하지 않는 배려, 공존의 아름다운 모습이 잘 드러나 있는 이야기가 있어 소개합니다.

"그 때에는, 이리가 어린 양과 함께 살며, 표범이 새끼 염소와 함께 누우며, 송아지와 새끼 사자와 살진 짐승이 함께 풀을 뜯고, 어린 아이가 그것들을 이끌고 다닌다. 암소와 곰이 서로 벗이 되며, 그것들의 새끼가 함께 눕고, 사자가 소처럼 풀을 먹는다. 젖 먹는 아이가 독사의 구멍 곁에서 장난하고, 젖 뗀 아이가 살무사의 굴에 손을 넣는다. 나의 거룩한 산 모든 곳에서, 서로 해치거나 파괴하는

일이 없다." (새번역, 사 11:6~9)

서로 해치거나 파괴하지 않는 배려, 자연과 인간이 공존하는 모습을 잘 그려내고 있는 본문입니다. 차근차근 천천히 본문을 서너 차례 읽어보십시오. 어떤 단어, 어떤 이미지가 떠오르나요? 본문이 나를 향해 걸어오는 말에 귀 기울이며 평화가 실현된 세상을 상상해봅니다. 그리고 꿈꾸는 대로 이루어진다는 마음으로, 가장 평화로운 세상의 모습을 상상해봅니다. 우리가 이룰 수 있을까 하는 현실적 판단은 뒤로하고, 충분히 상상하면서 이면지나 광고지 뒷면을 활용해 A4용지에 그림으로 표현해봅니다.

내가 상상하는,
가장 평화로운
세상 그리기

모두 다 그리면 앉아있는 자리의 중심, 원 안에 가져다 놓도록 합니다. 그림이 다 그려지고 한 곳에 모이면, 모두 일어나서 중심에 놓인 그림을 감상하고 돌아와 아래 질문을 가지고 '지구돌봄서클[2]'로 함께 나눕니다.

지구돌봄서클을 위해서는, 먼저 진행자와 기록자, 시간 지킴이(타

---

[2] '지구돌봄서클' 진행과 관련해서는 기독교환경교육센터살림
(https://blog.daum.net/ecochrist/1017 접속 2023. 3. 2.)를 통해 진행도 등 관련 영상을 전달받을 수 있습니다.

임키퍼)를 정합니다(인원은 10~15명이 적정합니다). 진행자는 다음 질문을 읽어주고, 한 사람씩 돌아가면서 2~3분 정도 각자의 생각과 감정을 나누게 합니다. 이야기하는 사람은 다음 사람이 이야기하기 전 약간의 침묵이 흐르도록 합니다. 토킹스틱(Talking Stick)을 정해두고, 가지고 있는 사람만 이야기하면 온전한 경청에 도움이 될 것입니다(온라인에서 순서를 정해놓거나 서로를 초대하는 방식으로도 진행 가능).

■ 서클 질문

1. '나의 거룩한 산, 서로 해치거나 파괴하지 않는 그때'를 어떻게 상상하셨을까요? 이룰 수 있는 날로 희망하고 있는지, 상상한 그 날의 모습과 더불어 한두 문장으로 이야기합니다.

2. 남한과 북한이 평화로운 관계 속에 있었던 순간을 떠올려봅니다. 그렇지 않았을 때와 어떤 차이가 있었을까요? 왜, 그런 차이가 나타나는 것일까요?

3. 인간이 자연과 평화로운 공존, 곧 평화를 깨는 인간의 죄에는 어떤 것들이 있을까요? 예를 들어 보고, 그 이유를 설명해 봅니다.

남한과 북한은 한민족으로 한반도에 살고 있지만, 휴전선으로 완전 분리된 채 살고 있습니다. 남북한의 자연을 봐도 다른 공간이지만 옆의 큐알코드[3]

---

3) 남북한 식물비교 접속 2023. 3. 2.

를 스캔해서 봐도 알 수 있듯이, 같은 식물이 자라고 있습니다. 다른 공간이지만, 같은 식물들이 다른 이름으로 자라고 있습니다. 2018년 북한지역의 식물 3,523종이 담긴 '조선식물지'와 우리나라 국립생물자원관이 발간한 '국가생물종목록을 비교 조사한 바에 따르면, 약 50퍼센트인 1,773종의 식물 이름이 다른 이름으로 자라고 있습니다. 북한에서는 작약을 함박꽃으로, 라일락은 큰꽃정향나무로, 쥐똥나무는 검정알나무로, 리기다소나무는 세잎소나무로, 양버즘나무는 방울나무로 부르고 있습니다.[4] 남북으로 갈라진 땅에서 다른 이름으로 자라는 이들 식물을 보면, 아직 끝나지 않은 전쟁, 휴전 중임에도, 자연은 평화로운 모습입니다. 스스로 그저 그렇게 존재할 뿐, 좋고 나쁨을 따지지 않아서일까요, 자신의 옳음만을 고집하지 않고 상대의 옳음도 존중하고 지켜주는 공존, 지극히 작은 생명까지도 배려한다면, 우리도 자연과 인간, 인간과 인간 간의 평화로운 공존을 이룰 수 있지 않을까 하는 생각을 해봅니다.

4. 삶에 접속하기

4-1. 일상에서 자연과 평화에 이르는 길

---

https://m.blog.naver.com/PostView.naver?isHttpsRedirect=true&blogId=gounikorea&logNo=221887065235 접속 2023. 3. 2.

4) 더 자세한 사항(접속 2023. 3. 2.)은

http://www.econew.co.kr/news/articleView.html?idxno=295에서 확인

평화나누기 (박노해 · 시인)

일상에서 작은 폭력을 거부하며 사는 것/ 세상과 타인을 비판하듯 내 안을 잘 들여다보는 것/ 현실에 발을 굳게 딛고 마음의 평화를 키우는 것/ 경쟁하지 말고 각자 다른 역할이 있음을 인정하는 것/ 일을 더 잘 하는 것만이 아니라 더 좋은 사람이 되는 것/ 좀 더 친절하고 더 잘 나누며 예의를 지키는 것/ 전쟁의 세상에 살지만 전쟁이 내 안에 살지 않는 것/ 총과 폭탄 앞에서도 온유한 미소를 잃지 않는 것/ 폭력 앞에 비폭력으로, 그러나 끝까지 저항하는 것/ 전쟁을 반대하는 전쟁을 하는 것이 아니라/ 따뜻이 평화의 씨앗을 눈물로 심어가는 것

평화平和에 대하여 (정일근 · 시인)

풀어 말하자면/ 세상이 잔잔한 수면처럼/ 고르고 평평하여/ 수확한 벼를 여럿이 나눠 먹는 일이 평화다./ 그래서 전쟁을 겪어본 사람만이/ 벼와 밥이 평화라는 것을 안다/ 심각한 얼굴로 승용차를 타고/ 바삐 달려가는 도시 사람에게/ 세상은 아직 전쟁 중이고,/ 올해도 황금 풍년이 찾아온/ 은현리 들판은 여전히 태평성대다./ 농부 한 사람 느릿느릿/ 논두렁길을 걸어가며 활짝 웃는다/ 그 얼굴이 평화다

위의 시를 몇 차례 반복해서 낭독해봅니다. 지금까지 우리 한반도는 70여 년을 남과 북으로 갈라져 대치하고 있습니다. 정전협정 후 아직 전쟁 중인 남과 북을 불쌍한 마음으로 바라보며, 어떻게 해야 다시 연결할 수 있을지 생각해봅니다.

남북 간의 분단은 현재 전 세계적으로 진행되고 있는 기후재난에도

큰 영향을 받습니다. 전 세계가 1.5도 이상 지구온도가 상승하는 것을 막기 위해 애쓰고 있는데, 만약 그를 지켜내지 못하고 기후 재난이 북쪽에 덮친다면 한반도에는 군사적 긴장이 더 고조될 것입니다.

남북한에 기후 재난은 어떻게 닥쳐올까요? 잦은 홍수와 식량감소 등 남한과 북한 각각에 예상되는 피해5)를 예상해보고, 그 차이를 설명해봅니다. 남북한이 직면하게 될 기후위기와 관련하여, '따로 또 같이' 해결해갈 일이 어떤 것이 있을지 생각해보고 아래 칸을 채워봅니다. 남북한이 각자 가지고 있는 장단점을 잘 활용하여 협력함으로 이 위기를 잘 대응할 방법도 작성해보고, 서로 나누어 봅니다.

기후 재난이 왔을 때, 남북한이 따로 또 같이 겪게 될 피해를 적어본 후, 어디서 오는 차이인지 이야기해 봅니다.

기후 재난으로부터 자유로운 평화를 이루기 위해서는 남과 북이 협력해야 합니다. 한반도가 기후변화에 취약한 이유도 있지만, 남북이

---

5) 가. "기후변화로 인한 북한 식량감소·잦은 홍수, 한반도 안정 위협"(접속 2023. 3. 2.)
　　 https://www.hani.co.kr/arti/society/environment/1005726.html
　　나. 북한의 기후정책 "기후변화는 북한사회의 변화를 가속화시킬까?"(접속 2023. 3. 2.)
　　 http://m.ecomedia.co.kr/news/newsview.php?ncode=1065580134255659

기후협력 사업을 통해 탄소배출량을 감축하고 흡수원으로서의 산림을 조성하는 일을 서로의 장점을 살려 협력해간다면, 각자 하는 것보다 조금은 더 수월하게 탄소중립을 이룰 수 있을 수도 있습니다. 남과 북은 어떤 장점을 가지고 협력할 수 있을지 생각해봅니다.6)

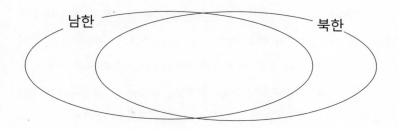

　　기후 재난을 피하기 위해서, 남과 북을 다시 연결할 경우 어떤 방식이 좋을까요? 나 혹은 내가 속한 공동체가 무언가 할 수 있다면 어떤 것으로 연결할 수 있을지 생각해보고, 그를 위해 자신이 할 수 있는 일에 대해 설명해 봅니다.

협력 내용	우리 (공동체·학교·직장·교회)	도시·국가	장애요소와 극복방안
한반도 에너지전환, 탄소중립			
한반도 숲(생태계)			
한반도 교류 거점 공간			

6) 참고기사: 한반도, 기후변화에 취약…남북협력 대응 중요(접속 2023. 3. 2.)
　　https://www.hani.co.kr/arti/science/science_general/916510.html

최근 산림청은 남북한 협력을 통한 탄소중립 계획을 발표한 바 있습니다. 전 지구적 기후위기를 해결하기 위해서는 국내에 나무 심는 것만으론 역부족이란 생각에서인데, 향후 30년간 북한 땅에 3억 그루를 심는 걸 목표로 하고 있습니다. 현재 북한 전체 산림 중 18퍼센트인 147만 헥타르가 다락밭으로서의 농지전환이나 벌채 등으로 황폐화되어 있는 상태라서 남북 산림협력 사업은 한반도 평화체계 구축의 마중물 역할을 할 수 있으리라 예측됩니다. 더구나 북한의 황폐화된 산림이 복원되면 환경재해 예방과 농업생산기반의 확충, 식량난과 연료난이 해결될 뿐 아니라 한반도의 건강한 생태계도 회복할 수 있으리라 예측되고 있습니다. 한반도는 두 개로 나누어져 있는 독립된 생태계가 아니라 '유기적으로 연결된 하나의 생태계'이기 때문입니다. 북한의 산림복원은 남북이 함께 나서서 해결해야 할 과제입니다. 문제는 정치사회적 상황인데, 북한의 환경과 경제가 피폐해질수록 우리 역시 그 영향에서 자유로울 수 없으니 더 늦추어도 안 될 것입니다.

접속 2023. 3. 2.
https://youtu.be/19
1I1wYaodU

옆의 큐알코드를 스캔해서 보면, 새로운 남북관계와 한반도 평화를 가져올 '판문점 선언' 장면을 볼 수 있습니다. 그렇게 합의한 지도 벌써 4년이 되었습니다 (2022년 기준). 경색된 남북관계는 쉽게 풀릴 기미가 보이지 않고 있습니다. 어디서부터 이 일을 계속 이어나갈 수 있을까요? 여러 해 전 민간 차원에서 '겨레의 숲'[7] 가꾸기 사업으로 민간 차원에서 북한 산림복원

---

7) 겨레의숲은 북한의 황폐된 산림복구를 통해 북한지역에서 건강하고 풍부한 자연생태

사업이 추진된 적이 있습니다. 또 해외동포들이 중심이 되어 사랑을 실천하는 비영리단체인 OGKM(One Green Korea Movement) 8) 역시 북한의 황폐된 지역에 어린 묘목과 씨앗을 지원하여 한반도의 산림녹화 (나무심기)를 전개하고 양묘장 시설에 지속적인 후원을 함으로써 북한의 산림녹화를 이룰 수 있도록 돕고 있습니다. 북한에 상하수도 시설을 지원하여 쾌적한 주거환경을 증진하고, 긴급의약품, 분유, 기저귀 등 긴급구호물품도 전달하기도 하였습니다.

단기간에 남북 당국 간에 교류가 정상화되기 어렵다면, 이처럼 민간 차원에서라도 이 일이 계속될 수 있도록 해야 하지 않을까요? 정부가 주선만 하면 가서 심을 수 있는 인력이나 기술은 확보되어있는 상황입니다. 어디서부터 풀어 가면 좋을까요? "남한과 북한의 평화가 한반도 생태공동체의 보전과 복원의 토대이고, 남북 협력사업과 대북지원사업의 기조는 한반도 생태계를 보전, 복원하는 것이어야 한다"는 생각에서부터 출발하는 건 어떨까요?

4-2. 우리에겐 새로운 이웃이 생겼습니다.

우리가 남북한의 평화와 한반도 생태계 복원, 더불어 탄소중립의 목표를 달성하기 위해서는 새롭게 해야 할 개념이 있습니다. '이웃'입니

계를 복원하고 농업생산력을 복구하여, 북한이 당면하고 있는 식량난과 식수난, 에너지난 극복에 기여하며 남북간 개발복구 협력의 새로운 모범사례를 창출하고자 설립된 사회종교단체 간 협의체입니다.

8) OGKM(One Green Korea Movement)을 더 알아보고 지원하는 일을 하기 원한다면, 이곳 링크(http://onegreenkorea.kr 접속 2023. 3. 2.)를 참고하십시오.

다. 그동안 우리는 사람들만을 이웃이라고 여겨왔습니다. 지구상의 가난과 질병 등 여러 가지 이유로 고통받고 있는 이들만을 이웃으로 여기며 돌보느라 힘써왔습니다.

하지만 기후 위기를 비롯해, 지구 절멸의 상황 속에서는 달라져야 합니다. 우리에게는 새로운 이웃이 생겼습니다. 새와 다람쥐, 나무와 바람, 물과 공기, 흙, 따스한 햇살 등. 수많은 생명들이 우리 인간의 욕심으로 인해 고통 가운데 신음하고 있습니다. 결국 생태적 맥락에서 우리는 빈곤의 피해자이자 환경오염으로 인한 희생양이 된 자연을 이웃으로 삼아야 마땅할 것입니다. 자연 사랑은 보편화 된 이웃 사랑과 다르지 않습니다. 강도 만난 이웃과 마찬가지로 자연도 인간중심주의의 희생양이 되어 무참히 죽어가고 있기는 마찬가지이기 때문입니다.

이렇듯 우리는 일상에서부터 자연과 평화하는 삶을 연습해야 할 것입니다. 요즘 대다수 사람은 행복하지도 평화하지도 않은 채 일상의 삶을 살아갑니다. 대량생산 대량소비 대량폐기의 사회에서 수동적 소비자로 살거나, 그 소비를 위해 창조의 기쁨을 박탈당한 채 살아갑니다. 그나마 다행스러운 건 이런 사회와 이를 지탱하는 사회적 폭력의 구조에 의문을 갖고 저항하는 이들이 늘어나고 있다는 것입니다. 절제와 나눔의 삶, 작고 단순하고 불편한 삶, 시간에 쫓기지 않는 삶, 흙과 농촌을 사랑하는 삶을 추구하는 사람들입니다. 그들 모두가 자연과 평화를 이루어가는 길을 걷고 있습니다. 비록 적은 수이지만, 먼저 깨달은 이들이 평화로운 사회를 향해 허위의 풍요로움을 버리고 자연과 공생하는 삶을 반복적으로 연습하며 끈질기게 살아낸다면, 모두가 골고루 평화롭게 사는 세상에 대한 전망은 그다지 어두운 것만은 아니지 싶습니다.

그날의 평화를 위해, 모든 생명과 평화롭게 공존하는 삶을 연습해봅니다. 오늘 단 하루만큼이라도 자연과 인간 간의 평화로운 공존을 위해, 다음 세 가지 질문에 맞춰 자신이 '하지 않을 것(Don't)과 할 것(Do), 그리고 나눌 것(Share)'을 약속해 봅니다.[9]

— Don't : 나는 자연과 인간 간의 평화로운 공존을 위해 (   )을 하지 않는다.

— Do : 나는 자연과의 인간 간의 평화로운 공존을 위해 (   )을 한다.

— Share : 나는 자연과의 인간 간의 평화로운 공존을 위해 (   )을 나눈다.

오늘 우리 모두는 평화를 갈망합니다. 하지만 갈망만 한다고 반드시 평화가 오지는 않습니다. 남북한 8천만 민족의 만남과 희망, 생명과 평화의 땅으로 변화시키기 위해 애쓰고 있는 '국경선평화학교'[10]나

---

9) 가. 내가 그린 2022년 '기후 행동' 일상 (접속 2023. 3. 2.)
   https://www.greenpeace.org/korea/update/20800/blog-ce-green-goals-2022
   나. 경건한 탄소금식 https://blog.naver.com/ecochrist (접속 2023. 3. 2.)의 '경건한 탄소금식21~22'
   다. 녹색그리스도인의 상징물건과 매일 묵상구절(접속 2023. 3. 2.)
   https://blog.daum.net/ecochrist/754

'한국DMZ평화생명동산'11)의 활동을 살펴 지지하고 참여해볼 것을 권합니다. 평화는 여럿이 함께 반복해서 연습하고 실천해야만 우리에게 찾아올 것이기 때문입니다. 나의 일상에서 시작된 자연과의 평화로운 공존이 남과 북의 평화로운 공존을 이루고 지금의 기후 위기도 극복할 수 있는 길을 열어줄 것입니다.

■ 추가미션 : DMZ, 접경지역 걷기 기도

공부가 다 끝난 후 따로 시간을 내어 '자연과 인간의 공존을 위한 걷기'를 해봅니다. DMZ 접경지역을 찾아가 걸어도 좋고, 그렇지 않아도 무방합니다. 평소 다니던 길이나 가까운 거리에 있는 산책하기 좋은 숲(물)길이어도 좋습니다. 어느 곳이든, 남과 북이 서로 맞닿아 있는 지역에서 자라고 있는 나무들 사이, 남북을 자유롭게 오가는 바람을 느끼면서 걸어봅니다. 걸으며, 바람이 전하는 말도 귀 기울여 봅니다.

걸을 때는 홀로 걷더라도, 함께 마음을 나누었던 이들을 기억하며 한마음으로 걷습니다.

— 걷기 전에 남과 북, 너와 나 사이를 잇는 '평화의 씨앗' 하나를 마음에 품습니다.

---

10) 국경선평화학교 홈페이지 (접속 2023. 3. 2.)
http://www.borderpeaceschool.or.kr/8a7c403e5c824bb690a46a085eb15a45
11) 한국DMZ평화생명동산 홈페이지 (접속 2023. 3. 2.) https://dmzecopeace.com/

— 걸을 때는 한걸음에 '평화', 또 한걸음에 '생명'을 반복하면서 천천히 걷습니다.

— 그리고 걸음을 마칠 때는 다음 문장을 마음에 품고 마무리합니다.

"나는 하늘과 땅을 증인 삼아 평화를 이루어갑니다."

평화는 우리 모두가 '자연과의 평화로운 공존'을 위해 애쓸 때 시작됩니다. 그러나 평화는 일순간에 이루어지는 것은 아닙니다. 일상의 삶 가운데 우리는 계속해서 평화를 연습하고 실천해야 합니다.